D1749464

Maximilian Fürnsinn / Veronica-Maria Schwed
# Aus ganzem Herzen leben

Gedanken zu Maria

Molden Verlag

Die Deutsche Bibliothek – CIP Einheitsaufnahme
Maximilian Fürnsinn, Veronica-Maria Schwed
Aus ganzem Herzen leben
Wien: Molden Verlag 2007
ISBN 978-3-85485-203-2

© 2007 by Molden Verlag GmbH & Co KEG, Wien
www.molden.at

Umschlaggestaltung: Emanuel Mauthe
Bildredaktion: Ulrich Mauterer
Lektorat: Marion Mauthe
Druck: Theiss GmbH, St. Stefan

ISBN 978-3-85485-203-2
Alle Rechte vorbehalten, auch die der auszugsweisen Wiedergabe
in Print- oder elektronischen Medien

# Inhalt

| | |
|---|---:|
| Vorwort | 5 |
| Maria und das Konzept vom Menschen | 9 |
| Gott schreibt auf krummen Zeilen gerade | 10 |
| Die Jüdin Maria | 13 |
| Nomen est Omen | 14 |
| Mit Maria beten | 16 |
| Die Verheißung der Geburt Jesu Christi (Lk 1, 26-38) | 18 |
| Gegrüßet seist du, Maria | 21 |
| Maria, du bist voll der Gnade | 22 |
| Maria, der Herr ist mit dir | 25 |
| Du bist gebenedeit unter den Frauen | 26 |
| Maria – ganz Ohr | 29 |
| Wie soll das geschehen? | 30 |
| Mir geschehe, wie du gesagt hast | 33 |
| Das Ja Mariens | 34 |
| Maria im Haus des Josef von Nazareth | 37 |
| Der Besuch Marias bei Elisabeth (Lk 1, 39-54) | 38 |
| Maria im Haus von En Karem | 41 |
| Gott hat dich gestreichelt | 42 |
| Selig ist die, die geglaubt hat | 45 |
| Magnifikat – das Lied Mariens | 46 |
| Das Lied der Befreiung | 49 |
| Maria – ganz niedrig | 50 |
| Die Geburt Jesu (Lk 2, 1-20) | 52 |
| Sie bewahrte alles in ihrem Herzen | 55 |
| Im Herzen bewahren | 56 |
| Maria im Alltagshaus von Nazareth | 58 |
| Die Hochzeit in Kana als Zeichen (Joh 2, 1-11) | 60 |
| Was er euch sagt, das tut | 63 |
| Maria im Hochzeitshaus von Kana | 64 |
| Jesus und seine Angehörigen (Mk 3, 20-35) | 66 |
| Wer ist meine Mutter und wer sind meine Brüder? | 69 |
| Entfremdung | 70 |

| | |
|---|---:|
| Tod und Beisetzung Jesu (Joh 19, 25-42) | 72 |
| Frau unter dem Kreuz | 75 |
| Maria und die Kirche | 76 |
| Maria im Haus des Jüngers | 79 |
| Pietà | 80 |
| Schmerzensmutter | 83 |
| Maria in der Gemeinde von Jerusalem | 84 |
| Maria, Wegbegleiterin der Kirche | 87 |
| Erfüllte Hoffnung in Maria | 88 |
| Maria im Geheimnis des dreifaltigen Gottes | 90 |
| Wer bist du, Maria? | 92 |
| Das Bild in mir | 95 |
| Maria ganz einfach | 96 |
| Mit Maria auf dem Weg | 99 |
| Salve Regina | 100 |
| Mutter Gottes, Gottesgebärerin | 103 |
| Gebet der trockenen Seele | 104 |
| Perlen des Vertrauens | 106 |
| Marianisch alltäglich leben | 109 |
| Maria, Lebensbegleiterin | 110 |
| Am Schauplatz Mariens | 113 |
| Nochmals am Schauplatz Mariens | 114 |
| Wege-Frau | 117 |
| Das Leuchten in ihrem Gesicht | 118 |

# Vorwort

Vor 850 Jahren entstand der Marienwallfahrtsort Mariazell. Zur Feier des Jubiläums dieses Heiligtums der Völker kommt Papst Benedikt XVI. vom 7. bis 9. September 2007 als Pilger nach Österreich, um mit den Vertretern und Vertreterinnen der neu gewählten Pfarrgemeinderäte der österreichischen Diözesen und mit vielen Wallfahrerinnen und Wallfahrern aus Österreich und den umliegenden Ländern zu beten, zu danken und um Segen für den Weg in die Zukunft Europas und der Welt zu erbitten.

Propst Maximilian Fürnsinn vom Augustiner-Chorherrenstift Herzogenburg und Veronica Schwed haben zu diesem Anlass ein Marienbuch geschrieben, das gleichsam eine Begleitmusik zu diesem Jubiläumsereignis darstellt.

Das II. Vatikanische Konzil hat im 8. Kapitel der Kirchenkonstitution erneut der gläubigen Christenheit Maria von Nazaret, die Mutter Gottes und Mutter der Menschen, in umfassender und tiefgründiger Weise vor Augen gestellt. Keiner Frau in der ganzen Weltgeschichte wurde so viel Ehre und Anerkennung zuteil wie der demütigen Dienerin Gottes und der Menschen: Maria.

In diesem Marien-Jubiläumsbuch kommt die ganze biblische Botschaft über die Mutter des Herrn und die reiche Tradition marianischer Frömmigkeit in den Texten und Bildern zum Leuchten. In einfacher und schöner Sprache wird das Geheimnis der Gottesmutter in allen Phasen ihres Lebens, in den vielen Titeln, mit denen sie vom gläubigen Volk angerufen wird, lebendig vor Augen geführt.

Dabei geht der Blick von Maria auf die Situation der Menschen unserer Zeit und durchschreitet im Geiste Höhen und Tiefen der Welt, in der wir leben. Es ist immer ein Blick der Hoffnung, der dem konkreten menschlichen Dasein von heute eröffnet wird und damit etwas von jener frohen Botschaft aufleuchten lässt, die der Gottes- und Menschensohn Jesus Christus in diese Welt gebracht hat.

In diesem Buch kommt eine Art von Marienfrömmigkeit mit konkretem Lebensbezug zum Ausdruck, die gerade in unserer Zeit jene hoffende Heilsperspektive vermittelt, die Papst Benedikt XVI. in seinen Ansprachen immer neu zum Leuchten bringt.

Dem Autor und der Autorin gilt der Dank all derer, denen bewusst ist, dass Christsein immer auch eine marianische Prägung hat, und denen das 850-Jahr-Jubiläum von Mariazell ein hoffnungsvolles »Aufbrechen« in die Zukunft bedeutet. Mit Maria wollen wir »auf Christus schauen«, denn er ist der Weg, auf dem wir gehen, die Wahrheit, die wir suchen, und das Leben, das wir brauchen.

Dankbar und froh mit auf dem Weg  
Alois Kothgasser  
Erzbischof von Salzburg

Immaculata von Paul Troger, Pfarrkirche von St. Andrä, um 1730

# Maria und das Konzept vom Menschen

Unsere komplizierte Gesellschaft kommt ohne Konzepte nicht aus. Es werden Wirtschaftspläne, Bildungskonzepte, Strategieentwürfe für Unternehmen und vieles anderes mehr entworfen. Auch für den Menschen und das Menschenbild werden heute auf dem Markt der Weltanschauungen unterschiedliche Konzepte angeboten.

Maria trägt den befremdenden Titel Conceptio Immaculata. In der medizinischen Sprache bedeutet Konzeption »Empfängnis«. Auch hier klingt etwas von einem Konzept an. Wenn nun Maria als Conceptio Immaculata bezeichnet wird, dann wird zunächst nicht an ihre biologische Entstehung erinnert, sondern dass in ihr das ursprüngliche, unverdorbene Konzept Gottes vom Menschen aufleuchtet. Vom ersten Augenblick ihres Daseins an hat Gott liebend auf Maria geschaut. Sie ist das »Konzept vom Menschen«, der ganz von der Beziehung zu Gott geprägt ist.

Das hat Bedeutung für das christliche Menschenverständnis:

Der Mensch lebt aus Gnade – macht die Conceptio Immaculata deutlich. Das steht dem Menschenbild unserer Zeit, das von Leistung und Selbstbehauptung geprägt ist, konträr gegenüber. Der heutige Mensch versucht sich selbst nochmals zu erschaffen. Das marianische Konzept hält dagegen: Du bist aus Gnade! Du darfst sein! Leben ist Geschenk! Das bringt eine befreiende Perspektive in unser Leben.

An der Conceptio Immaculata wird weiters deutlich, was Gott mit allen Menschen vorhat. ER will den Menschen aus aller Sündenverflochtenheit herauslösen, in die die Menschen durch ihre Gottesablehnung, durch ihren Gotteskomplex gekommen sind. Jedenfalls will ER nicht, dass der Teufel Herrgott spielt.

Davon hält Gott Maria frei und es leuchtet das Originalbild vom erlösten Menschen auf! *MF*

# Gott schreibt auf krummen Zeilen gerade

Das Matthäusevangelium beginnt mit dem »Stammbaum Jesu«. Es werden viele Namen aufgezählt. Dabei geht es nicht immer um edle Menschen. Es gibt alles, wozu Menschen im positiven und im negativen Sinn fähig sind: Mörder, Erpresser, Ehebrecher, Gottlose wechseln mit Gottesfürchtigen, mit gläubigen und heroischen Menschen ab. Vier Frauen werden erwähnt, die es in sich haben: eine Dirne; eine bricht wegen einer besseren Partie die Ehe; eine lässt sich zwecks Nachkommenschaft vom eigenen Schwiegervater schwängern. Der Stammbaum Jesu beschönigt nichts. Er zeigt Geschichte mit Höhen und Tiefen.

Dieser Stammbaum läuft auf Josef und Maria zu. In Maria wird Gott Mensch. In dieser langen Reihe von Namen steht Maria für den Neuanfang Gottes mit der Menschheit. Das ist nicht bloß die »Reparatur der Geschichte«, sondern die größte Liebeserklärung Gottes an die Menschheit. Gott schreibt auf krummen Zeilen seinen Liebesbrief an uns alle: »Ich liebe dich, Mensch!«

Durch Maria ist der Wendepunkt der Geschichte angebrochen: Geschichte wird Heilsgeschichte. Sie bringt Jesus Christus zur Welt, der der Herr der Geschichte ist. Auf IHN laufen alle Linien zu – die krummen und die geraden. Welt und Geschichte sinken nicht in eine anonyme Dunkelheit hinunter, sondern laufen auf die Vollendung der Welt in Jesus Christus zu. Er holt die Welt mit weit geöffneten Armen heim. Das ist Sinn und Ziel der Geschichte.

Gott hat dazu einen menschlichen Weg gewählt: ER wird Mensch in Maria. Der Morgen der Erlösung ist mit Maria angebrochen. *MF*

Stammbaum Jesu, Pfarrkirche Erla, 15 Jhdt.

Geburt Mariä von Johann Martin Schmidt, Stift Herzogenburg, 1756

## Die Jüdin Maria

Maria war eine Jüdin und wurde von einer jüdischen Mutter zur Welt gebracht. Sie wurde zur Jüdin erzogen. Diese Tatsache wird sehr oft verdrängt. Das ist wahrscheinlich die verdeckte Form eines christlichen Antijudaismus. Das heute in Erinnerung zu rufen, ist ein wichtiges Reinigungsritual für Herz und Geist. Angesichts des Leids, das Christen in der Geschichte über Juden gebracht haben, darf das heute nicht übergangen werden. Maria ist eine Tochter Israels.

Als solche hat sie sich als Braut Gottes verstanden, gemäß dem Prophetenwort: »Dein Schöpfer ist dein Gemahl«. Sie weiß sich in der großen Liebe Gottes geborgen.

Als Tochter Israels hofft Maria – so wie jede jüdische Mutter – einmal den Messias in ihrem Schoß zu tragen. Dazu wurde sie erzogen.

Als Tochter Israels kennt Maria die Gefährdung ihres Volkes. Sie weiß um Erwähltsein und Abfall. Sie kennt den Bund Gottes und die Brüchigkeit dieses Bundes. Sie weiß um die Rolle des auserwählten Volkes Israel für die Menschheit, aber sie kennt auch die Enge dieses Volkes.

Der Evangelist Lukas setzt Maria, der Tochter Israels, in den Kindheitserzählungen seines Evangeliums ein schönes Denkmal: Er sieht Maria als die neue Bundeslade, überschattet vom Hl. Geist; sie ist die geistvolle Trägerin der Verheißung Israels; sie tritt als Prophetin auf und singt im Magnifikat das Befreiungslied Israels; sie trägt den Messias Jesus in den Tempel, damit ER dort seinem Volk Israel begegne. Das alles ist ein einziger Lobpreis der Tochter Israels.

Israel und die Kirche gehören zusammen. Maria ist die Brücke: »Nicht der Stamm trägt die Wurzel, sondern die Wurzel den Stamm!« *MF*

## Nomen est Omen

Heute wird der Mensch immer mehr zu einer Nummer. Seine Kennzahl ist auf Chipkarten gespeichert. Der Mensch wird in anonymen Daten verarbeitet. Er wird von seinem Code bestimmt, der vieles enthält, was sein Leben ausmacht – von der Kontonummer bis zu beruflichen und medizinischen Aussagen. Aber der Mensch ist keine Nummer. Er trägt einen Namen, der ihn mit seiner Herkunft verbindet. Sein Vorname wird bewusst gewählt und erinnert sehr oft an einen Heiligen oder an andere Vorbilder.

Der Name MARIA steht über allen Namen. Ihr Name ist Gott und den Menschen wichtig geworden. Auf sie treffen die Sprichworte zu: »NOMEN EST OMEN!« und »Name bürgt für Qualität«. Es gibt viele Deutungen des Namens Maria. Ein paar greife ich heraus:

Der Name Maria hat die ägyptische Wurzel: MYR. Sie bedeutet »Geliebte« – genauer: »Gottes Vielgeliebte«. Dieser Name erinnert, dass in Maria der Glanz göttlicher Liebe aufleuchtet.

Maria trägt den gleichen Namen wie die Schwester des Mose: MIRIJAM. Da wird der Name zum Programm. Die Schwester des Mose tanzt beim Auszug Israels aus Ägypten dem Volk voran in die Freiheit. So ist Maria die »Exodusfrau« des Neuen Bundes, die ihren Sohn durch Leiden und Tod in die Auferstehung und das neue Volk Gottes – die Kirche – durch die Zeit begleitet.

Schließlich hat der Name Maria auch eine hebräische Wurzel: MIR, die Erleuchtete und JAM, das Meer. Im Lied: »Meerstern, ich dich grüße« wird dieser Name besungen und an den besonderen Schutz Mariens erinnert.

Vielgeliebte – Exodusfrau – Meeresstern: Diese Namen kann keine Nummer einholen. *MF*

Namenszug Maria von Domenico Francia, Stift Herzogenburg

# Mit Maria beten

Maria war ein betender Mensch. Ihre Mutter Anna, ihr Vater Joachim waren dabei eine gute Lehrerin und ein guter Lehrer. Ganz selbstverständlich brachten sie ihrer Tochter die biblische Gebetssprache bei. Psalmen gehören für jüdische Menschen zum täglichen Gebet. Maria war tief verwurzelt in diesen Texten, die alles ausdrücken, was menschliches Leben ausmacht:

Freude, Trauer, Angst, Hoffnung, Fluch und Segen kommen darin zur Sprache.

Wenn ich heute Psalmen bete, so weiß ich mich nicht nur im Allgemeinen mit dem auserwählten Volk Gottes verbunden, sondern ich stelle mich ganz konkret in die Reihe von Joachim und Anna, Simeon und Hannah, Maria und Josef und auch Jesus.

Mit ihnen gemeinsam rufe ich zu Gott aus der Tiefe der Todesnot, berge mich im Schatten Seiner Flügel, erzähle Ihm mein Geschick, staune über Gottes zahlreiche Werke, sinne nach über seine Wunder, baue auf Seine Huld und frohlocke über Seine Hilfe.

Psalmengebet ist für mich wie ein Fangnetz, das mich in schweren Lebenszeiten vor dem Absturz bewahrt: Auch wenn ich nicht immer bei jedem Psalm bewusst mitdenke, auch wenn ich mich vom gleichmäßigen Rhythmus gemeinsamen Betens tragen lasse, so prägt sich doch das tiefe Gottvertrauen, von dem diese Texte erfüllt sind, tief in mich ein. In diesem Vertrauen bete ich:

»Sende dein Licht und deine Wahrheit, damit sie mich leiten; sie sollen mich führen zu deinem heiligen Berg und zu deiner Wohnung.

So will ich zum Altar Gottes treten, zum Gott meiner Freude. Jauchzend will ich dich auf der Harfe loben, Gott, mein Gott.

Tempelgang, von Johann Martin Schmidt, Stift Herzogenburg, 1756

Meine Seele, warum bist du betrübt und bist so unruhig in mir? Harre auf Gott; denn ich werde ihm noch danken, meinem Gott und Retter, auf den ich schaue.« *VS*

## Die Verheißung der Geburt Jesu Christi, Lk 1, 26-38

Im sechsten Monat wurde der Engel Gabriel von Gott in eine Stadt in Galiläa namens Nazaret zu einer Jungfrau gesandt. Sie war mit einem Mann namens Josef verlobt, der aus dem Haus David stammte. Der Name der Jungfrau war Maria.

Der Engel trat bei ihr ein und sagte: Sei gegrüßt, du Begnadete, der Herr ist mit dir.

Sie erschrak über die Anrede und überlegte, was dieser Gruß zu bedeuten habe.

Da sagte der Engel zu ihr: Fürchte dich nicht, Maria; denn du hast bei Gott Gnade gefunden. Du wirst ein Kind empfangen, einen Sohn wirst du gebären: dem sollst du den Namen Jesus geben. Er wird groß sein und Sohn des Höchsten genannt werden. Gott, der Herr, wird ihm den Thron seines Vaters David geben.

Er wird über das Haus Jakob in Ewigkeit herrschen, und seine Herrschaft wird kein Ende haben. Maria sagte zu dem Engel: Wie soll das geschehen, da ich keinen Mann erkenne?

Der Engel antwortete ihr: Der Heilige Geist wird über dich kommen, und die Kraft des Höchsten wird dich überschatten. Deshalb wird auch das Kind heilig und Sohn Gottes genannt werden.

Auch Elisabeth, deine Verwandte, hat noch in ihrem Alter einen Sohn empfangen; obwohl sie als unfruchtbar galt, ist sie jetzt schon im sechsten Monat. Denn für Gott ist nichts unmöglich.

Da sagte Maria: Ich bin die Magd des Herrn; mir geschehe, wie du es gesagt hast. Danach verließ sie der Engel.

Verkündigung von Bartholomäo und Martino Altomonte,
Stift Herzogenburg

# Gegrüßet seist du, Maria

Χαιρε!* Freude dir, Maria!
Herausgerissen bist du aus Enge und Verkrampfung,
eingeholt von Gott.
Auserwählt bist du!
Heil, weil du Heil empfängst.
Gott spricht zu dir.
Χαιρε! Freude dir, Maria!

Engel gehörten Jahrhunderte lang zum festen Bestand jüdisch-christlicher Glaubensüberzeugung. Sie sind nicht Inhalt, wenn Gott sich offenbart, sondern sie sind einfach da.

Angelos, das bedeutet Bote. Das ist keine Wesensbezeichnung, sondern eine Aufgabe.

Durch Engel spricht Gott.

Gottesbegegnung, wie die Bibel sie erzählt, ist in keiner Weise manipulierbar. Sie ist Mysterium, bleibendes Geheimnis.

Auch Maria vermag – berührt und erstaunt – nur die unmittelbare Wirkung der Gegenwart Gottes wahrzunehmen. Sie kann sich aber darauf einlassen und verlassen. Das Grußwort Χαιρε! bezeichnet die Verkündigung der messianischen Freude.

Das jüdische Mädchen Maria, das mit dem Volk Israel auf den Messias wartet, erhält in der Begegnung mit dem Engel Aufschluss über ihre wunderbare Vorherbestimmtheit. Bisher war sie sich wohl im Unklaren über ihre Stellung im Plan Gottes. Jetzt aber offenbart sich ihr Gott. Ihr Leben erhält eine neue Dimension.

Χαιρε! Freude dir, Maria! *VS*

---

*Χαιρε, griechisch; gesprochen: chaire

# Maria, du bist voll der Gnade

κεχαριτομενε*! Begnadete!
Berührt bist du von der Anmut des Ewigen,
gefällig gemacht von Gott.
Liebesgabe bist du!
Erfüllt vom Charme des Herrn.
Gott hat dich für sich bereitet!
κεχαριτομενε! Begnadete!

Jeder Mensch steckt im Unheil, teils von ihm selbst gemacht, teils von anderen vor ihm und neben ihm. Gnade ist die sieghafte, völlig unverdiente Rettung daraus. Sie ist radikale Selbstmitteilung des Dreieinen.

Gnadenfülle, begnadet sein, meint den freien Liebesentschluss Gottes, einem Menschen den »höchsten Anteil« an der Gotteskindschaft zu geben.

Jesus ist die heilende Gnade Gottes in Person.

Er ist die Spitze der Pyramide.

Maria hat durch ihre Mutterschaft von Gott die höchste Gnadenfülle geschenkt bekommen. Sie ist darum mit Sicherheit das höchstbegnadete aller Geschöpfe.

Gnade bedeutet aber auch: Gott schenkt jedem Menschen Freiheit, das heißt Er stellt ihn in einen Raum der Selbstverwirklichung und der Verantwortung.

Wir sind in die Freiheit entlassen, das zu verwirklichen, wozu Gott uns berufen hat, zu »werden, wer wir sind«.

Gnade ist Leben, das sich auf Gott hin entfaltet, wodurch Offenheit für weitere Gnade entsteht.

Es ist wie bei einer Blume, die sich dem Licht entgegenstreckt, sich ihm öffnet und so weiteres Licht empfangen kann.

κεχαριτομενε! Begnadete! *VS*

---

*κεχαριτομενε, griechisch; gesprochen: kecharitomene

Verkündigung von Bartholomäo und Martino Altomonte,
Stift Herzogenburg

Verkündigung von Bartholomäo und Martino Altomonte,
Stift Herzogenburg

# Maria, der Herr ist mit dir

Κυριοσ μετα σου*! Der Herr mit dir!
Verbunden bist du dem Allherrschenden,
erwählt und erkoren.
Gottesbegleitet, du.
Geweiht durch die Zuwendung JHWHs.
Gott geht mit dir!
Κυριοσ μετα σου! Der Herr mit dir!

Der Ausdruck »Der Herr mit dir« bezeichnet im Alten Testament Gottes Bund, Seine Erwählung und Seine Hilfe. Gottes Geist lässt sich auf Maria nieder, dadurch wird sie geheiligt und geweiht. Gott bindet sich an Maria. So wird sie zur Mutter des Messias.

Es ist nicht Maria, die mit Gott geht, sondern es ist Gott, der sich Maria zuwendet, um ihre Mitte zu sein. So ist die Botschaft des Engels Gottes Zusage: »Freu dich, Maria, du gehst nicht alleine. Gott hat dich für alle wohlgefällig gestaltet, er ist mit dir. Du stehst vor Gott. Sei dir dessen bewusst! Er neigt sich dir zu. Freu dich, Maria«

Maria wird häufig als der »Prototyp« des Menschen bezeichnet, als der Mensch, an dem Gott gezeigt hat, was Er mit jeder und jedem von uns vorhat. Ich darf als gläubiger Mensch darauf vertrauen, dass Gott sich auch mir zuwendet:

Im Alltag und im Fest,
in der Arbeit und in der Freizeit,
in meiner Familie und in meiner Einsamkeit,
in Freude und in Traurigkeit,
in Angst und in Hoffnung,
in meinem Glauben und in meinem Zweifel
heißt es: Κυριοσ μετα μου!** Der Herr mit mir!  *VS*

---

*Κυριοσ μετα σου, griechisch; gesprochen: kyrios meta su
**Κυριοσ μετα μου, griechisch; gesprochen: kyrios meta mu

# Du bist gebenedeit unter den Frauen

ευλογεμενε σου εν γυναιξιν!* Gut Gesagte unter den Frauen!
Hervorgehoben bist du durch reichliche Gabe,
gesegnet von Gott.
Lobpreisung bist du!
Beglückt durch Gottes Wort.
Gott wohnt in dir.
ευλογεμενε σου εν γυναιξιν! Gut Gesagte unter den Frauen!

ευλογεο, benedicere, benedeien, das heißt wörtlich »gut sagen«, Gutes zusagen.
Maria erfährt: Gott sagt ihr Sein höchstes Gut zu.
ευλογεο, benedicere, benedeien, das bedeutet auch segnen.
Segen ist eine Verbindung von Gott und Mensch.
Wenn ich gesegnet werde, berührt mich eben diese Güte Gottes in Wort und Geste des Segnenden.
Wenn wir einander segnen, sprechen wir einander die Güte Gottes zu.
Wenn ich segne, empfange ich Gottes Güte und gebe sie weiter. Es ist ein »Durchlässig-Werden« für Gott.
Gottes Zusage hat unbeschreibliche Kraft.
Segen kann durchfluten, bestärken, beleben.
Im Segen geht Gott ganz nah an uns vorüber.
Im Segen Gottes kann ich zum Segen werden, kannst du Segen sein.
Segen - Sein ist die Bestimmung des Menschen aus göttlicher Sicht.
Durch das »Gute – Zusagen« und »Weiter – Sagen« wird der Mensch zum Segen.
Du bist ein Segen, sagen wir dann.
ευλογεμενε σου εν γυναιξιν! Gut Gesagte unter den Frauen! *VS*

---

*ευλογεμενε σου εν γυναιξιν, griechisch; gesprochen: eulogemene su en gynaixin

Verkündigung von Bartholomäo und Martino Altomonte,
Stift Herzogenburg

Verkündigung von Ignaz Günther, Pfarrkirche Weyarn, 1764

# Maria – ganz Ohr

Von Andreas Knapp stammt das Gedicht\*: Kann man vom Hören Kinder kriegen?

> *das WORT tritt durch das Ohr*
> *trifft mitten ins Herz*
> *und zeugt dort neue Wirklichkeit*
> *aus Fleisch und Blut.*
>
> *Maria ganz Ohr*
> *Und Gott ganz WORT*
> *Synergie von menschlichem*
> *und göttlichem Ja*
> *und das WORT nahm Gesicht an.*

Wir leben von Worten und nicht von Wörtern. Mit Wörtern werden wir täglich millionenfach besprüht. Der Wörterschwall liegt wie eine dicke Wolke über uns – gespeist von Handys, Radios, Zeitungen und Walkmans. Wir hören und hören doch nicht. Aber trotz allem gibt es dann die Worte, die uns leben lassen: Ich liebe dich! Ich vertraue dir! Es ist gut, dass es dich gibt! Ich brauche dich! Auf mich kannst du dich verlassen. Solche Worte haben unser Leben geformt.

Auch Gott spricht uns an. Welches Wort hat mich erreicht? Bin ich Christ aus Gewohnheit oder auf sein Wort hin? Welches Wort des Evangeliums ist zum Grundwort meines Lebens geworden? Karl Rahner hat den Christen als »Hörer des Wortes« definiert. In uns soll das Wort neu »Fleisch« werden. Gottes Wort will in uns wachsen, durch uns berührbar werden. So will Gott heute zur Welt kommen.

Maria ist ganz Ohr! In ihr nimmt das Wort Gottes das Gesicht Jesu Christi an. *MF*

---

\*Aus einem unveröffentlichten Gedicht von Andreas Knapp © beim Autor

# Wie soll das geschehen?

Die Frage nach der Jungfräulichkeit Mariens wird immer schwieriger. Zu biologistisch ist die Fragestellung, zu mechanistisch der Verstehenshorizont.

Immer wieder bemühe ich mich gerade bei jungen Menschen in der Schule darum, das Augenmerk von der »Unversehrtheit des Jungfernhäutchens« auf das »jungfräuliche Wesen« Marias zu lenken:

Ganz nach Gottes Willen ausgerichtet, völlig offen für Seinen Heilsplan hat sie sich Gott »von Kopf bis Fuß zur Verfügung gestellt«. Das schließt auch ein, dass sie keinem Mann zur Verfügung steht.

Es geht dabei nicht um Sexualität, also auch nicht um Abwertung von Sexualität. Leiblichkeit ist ein wesenseigener Selbstvollzug des Menschen. Gottesbegegnung schließt immer auch Leiblichkeit mit ein.

Eine Trennung von Leib und Seele und eine damit verbundene Abwertung des Leibes ist in dem Sinn unbiblisch und unchristlich. Es geht um den ganzen Menschen.

Eigentlich sagt das Dogma der Jungfräulichkeit Mariens nicht primär etwas über die Mutter Jesu aus, sondern vor allem über Jesus Christus selbst. Die Einzigartigkeit Jesu Christi wird so betont.

Die Evangelisten Matthäus und Lukas wollen damit sehr bewusst den nicht-menschlichen Ursprung des Menschen Jesus in Gott erschließen.

Gott ist dabei nicht – wie in alten vorchristlichen Mythen – der biologische Vater, ebenso wenig wie Jesus ein göttlich-menschliches Mischwesen ist.

Hier versagt die menschliche Sprache.
Jesus Christus – wahrer Mensch und wahrer Gott. *VS*

Verkündigung von Ignaz Günther, Pfarrkirche Weyarn, 1764

Verkündigung von Ignaz Günther, Pfarrkirche Weyarn, 1764

# Mir geschehe, wie du es gesagt hast

Der Engel Gabriel bricht in Marias Leben ein!

Maria hat mit dieser Nachricht nicht gerechnet. Sie ist verunsichert, weiß zuerst nicht, was sie davon halten soll. Diese Nachricht durchkreuzt ihre Pläne. Eigentlich wollte sie doch mit Josef, dem Zimmermann, eine ganz normale Familie gründen. Und jetzt das. Ein Kind. Plötzlich. Eine unerwartete Schwangerschaft! Und auch noch Gottes Sohn!

Maria ist zwar erschrocken, verwirrt, auch persönlich überfordert. Aber ihr Vertrauen in Gott ist tiefer, als alle Angst und Unsicherheit. In diesem Vertrauen gibt sie ihre Antwort:

»Mir geschehe, wie du es gesagt hast.«

Sie glaubt von Herzen: Gott weiß, was Er tut.
Sie versteht zwar nicht, wie das sein soll und warum gerade sie die Mutter des Gottessohnes werden soll, aber Gott weiß es. Das genügt.
So möchte ich Gott vertrauen können!
Loslassen, ohne ängstliche Absicherungen.
Ja sagen, ohne wenn und aber.
Mich Gott zur Verfügung stellen, auch wenn Seine Pläne meine durchkreuzen.

Nicht rückgratlos, nicht feig, nicht geduckt und ängstlich, sondern aufrecht und aus ganzem Herzen – und doch mit dem Wissen, dass es auch »etwas kostet«, wenn man Gottes Willen folgt.

Maria ist demütig. Sie hat den Mut, Gott zu dienen.
Sie hört Gott, horcht auf Ihn, gehorcht Ihm.
Auch wenn Er ihre Pläne durchkreuzt. *VS*

# Das Ja Mariens

Das JA Mariens ist das wichtigste JA der Weltgeschichte. Durch ihre Zustimmung ist Gott Mensch geworden. Ohne Maria wäre die Krippe von Betlehem leer geblieben. Maria ist durch eine andere Frau so einfach nicht ersetzbar. Denn sie ist die »erste Wahl« Gottes. ER hat sie erwählt und von jedem Zusammenhang mit der Erbsünde freigehalten. Gott geht seinen Weg, aber ER respektiert zugleich die freie Entscheidung des Menschen. Erst aus dieser Sicht wird uns das JA Mariens bewusst. Sie empfängt das ewige Wort, das im Anfang bei Gott war, durch das alles geworden ist, durch das alles Sinn und Licht und Wahrheit bekommt. Dieses ewige Wort umfängt sie mit ihrem Leib. Sie ist ganz gehorsam und dabei ganz frei. Nur der gehorsame Mensch ist der ganz freie Mensch.

Das JA-SAGEN Mariens ist eine wichtige Schule für das Zusammengehen von Gottes Anruf und unserer menschlichen Antwort. Gott führt keinen Monolog, sondern mit uns Menschen einen Dialog. Gott lässt die freie Antwort des Menschen zu. Die freie Tat Gottes entzündet sich immer auch am Handeln des Menschen. Die Geschichte ist nicht ein Spiel Gottes, sondern Gott schaut auf uns Menschen. Gott respektiert die Freiheit des Menschen. Zwischen Gott und Mensch gibt es einen lebendigen Austausch, das Wachsen einer Beziehung.

Dieses reife Verhältnis von Gott und Mensch kann man exemplarisch in der Schule Mariens lernen. *MF*

Verkündigung von Ignaz Günther, Pfarrkirche Weyarn, 1764

Verlobung Mariens, von Johann Martin Schmidt, Stift Herzogenburg, 1756

# Maria im Haus des Josef in Nazareth

Ich stelle mir die Beziehung von Maria und Josef als eine saftige Liebesgeschichte vor. Natürlich weiß ich, dass Verlobung und Ehe damals stark reglementiert waren. Auf persönliche Liebe wurde wenig Rücksicht genommen. Aber die biblischen Notizen schildern uns Josef und Maria als wachsame und hörende Menschen; sie verstehen Träume und Botschaften; sie sind bewegte und auf Veränderung bedachte Menschen. Warum soll dann ihre Liebe nicht lebendig, anziehend, feurig gewesen sein?

Trotzdem aber ist ihre Liebe durch-kreuzte Liebe. Bei der Verlobung haben diese beiden jungen Menschen sicher eine andere Vorstellung von ihrem gemeinsamen Leben gehabt: eine normale Ehe, Kinder, ein kleines Unternehmen. Aber dann das Kind. Von wem? Empfangen vom Hl. Geist? Kind Gottes? Dieses Geheimnis belastet. Gott mutet diesen beiden sehr viel zu. Ihre Beziehung muss völlig verändert werden. Jetzt haben sie Gott zu dienen und ihre Erwartungen und Sehnsüchte sind hintanzustellen. Gott verlangt von ihnen alles!

Maria und Josef stehen vor einem durchkreuzten Leben. Maria und Josef müssen ein unglaubliches Gottvertrauen aufbringen. Sie sind gerufen, an den Zumutungen Gottes zu wachsen.

Eigentlich wachsen wir Menschen immer an dem, was uns zugemutet wird!

Gott ist ein fordernder Gott!

Wer sich auf das Geheimnis Gottes einlässt, der muss unter Umständen vieles – sogar alles geben. *MF*

## Der Besuch Marias bei Elisabeth, Lk 1, 39-54

Nach einigen Tagen machte sich Maria auf den Weg und eilte in eine Stadt im Bergland von Judäa.

Sie ging in das Haus des Zacharias und begrüßte Elisabeth.

Als Elisabeth den Gruß Marias hörte, hüpfte das Kind in ihrem Leib. Da wurde Elisabeth vom Heiligen Geist erfüllt und rief mit lauter Stimme: Gesegnet bist du mehr als alle anderen Frauen, und gesegnet ist die Frucht deines Leibes. Wer bin ich, dass die Mutter meines Herrn zu mir kommt?

In dem Augenblick, als ich deinen Gruß hörte, hüpfte das Kind vor Freude in meinem Leib. Selig ist die, die geglaubt hat, dass sich erfüllt, was der Herr ihr sagen ließ.

Da sagte Maria: Meine Seele preist die Größe des

Herrn, und mein Geist jubelt über Gott, meinen Retter. Denn auf die Niedrigkeit seiner Magd hat er geschaut.

Siehe, von nun an preisen mich selig alle Geschlechter.

Denn der Mächtige hat Großes an mir getan, und sein Name ist heilig.

Er erbarmt sich von Geschlecht zu Geschlecht über alle, die ihn fürchten.

Er vollbringt mit seinem Arm machtvolle Taten: Er zerstreut, die im Herzen voll Hochmut sind; er stürzt die Mächtigen vom Thron und erhöht die Niedrigen.

Die Hungernden beschenkt er mit seinen Gaben und lässt die Reichen leer ausgehen.

Er nimmt sich seines Knechtes Israel an und denkt an sein Erbarmen, das er unsern Vätern verheißen hat, Abraham und seinen Nachkommen auf ewig.

Und Maria blieb etwa drei Monate bei ihr; dann kehrte sie nach Hause zurück.

Heimsuchung von Wolf Huber, St. Florian, 1525

# Maria im Haus von En Karem

Ganz in der Nähe von Jerusalem liegt der kleine Ort En Karem. Nach der Tradition wurde hier Johannes der Täufer geboren. Das kleine Dorf ist zwischen sanften Hügeln eingebettet, auf denen Zypressen und Ölbäume stehen – eine Landschaft wie ein Garten. Das passt zur Begegnung der beiden schwangeren Frauen Maria und Elisabeth. Bei einem tiefen Brunnen sollen sie einander begegnet sein – ein symbolträchtiger Platz. Hier spürt man das frische Leben und das Wehen des Heiligen Geistes.

Das Zusammentreffen der beiden Frauen wird als Ereignis des Heiligen Geistes geschildert. ER hat die Regie bei dieser Begegnung: Die beiden Schwangeren beginnen zu reden nach einer langen Zeit des Schweigens. Sie vertrauen sich einander an. Frauliche Solidarität wird spürbar. Die Kinder bewegen sich in ihrem Schoß – alles strotzt von Leben. Sie preisen und singen, dass Gott an ihnen gehandelt hat, dass sie empfangen haben und dass Gott sie in seinen Heilsplan einbezogen hat.

Bisweilen werden Frauen in dieser Hinsicht bis heute oft an den Rand gestellt. Ein tiefes Gottvertrauen blüht auf. Sie haben Ansehen in den Augen Gottes. Und dann ist alles von Freude und Jubel erfüllt.

Bei den beiden Frauen Elisabeth und Maria in En Karem sind alle Zeichen der »Geistes-Gegenwart« erkennbar: Leben und Lebendigkeit, Begegnung und Offenheit für einander, Gottes Nähe und Gottvertrauen, Dankbarkeit und Jubel – und durch und durch Freude. *MF*

# Gott hat dich gestreichelt!

Ich erinnere mich gut, wie ich das erste Mal gespürt habe, dass sich mein Kind in mir bewegt. Es war unglaublich!

Die Berührung ist ganz zart.
Es fühlt sich an, als würden Schmetterlinge mit ihren Flügeln schlagen.
Ich war wie verzaubert.
Mein Kind hat mich gestreichelt.

Nachdem Maria durch den Engel Gabriel erfahren hat, dass sie die Mutter des Messias wird, ist sie zu ihrer Cousine Elisabeth gegangen. Wenn eine Frau ein Kind erwartet, möchte sie mit ihrer Freundin darüber reden. Elisabeth ist selbst auch schwanger.

Beide Frauen sind von der Tatsache, ein Kind zu bekommen, überrascht:

Die eine, Maria, ist jung und unverheiratet. Sie hat noch nicht wirklich begriffen, was mit ihr geschieht.

Die andere, Elisabeth, ist eigentlich schon zu alt für eine Schwangerschaft. Sie hat nicht mehr damit gerechnet, dass ihr dieser Herzenswunsch erfüllt wird.

Die Begegnung der beiden ist voll Freude. Diese Freude spüren auch ihre Kinder und sie bewegen sich. Dieser Stoß des Kindes wird für Elisabeth zum Anstoß des Heiligen Geistes. Sie erkennt, dass Maria die Mutter des Messias ist. Sie preist Maria selig, weil diese Gott geglaubt hat.

Die Freude der älteren Cousine überträgt sich auf Maria und sie stimmt in den Jubel ein.

Der Evangelist Lukas legt ihr einen großen Lobpreis über Gott in den Mund: Sie, die Niedrige, ist erhöht worden, Gottes Erbarmen wird greifbar: Mächtige werden vom Thron gestürzt, Niedrige erhöht, Hungernde beschenkt.

Heimsuchung, Stift Herzogenburg, um 1500

In dieser Begegnung siegt das Vertrauen in Gottes Größe über alle Ängste und Sorgen, wie es weitergehen soll.

Jetzt begreift Maria: Gottes Tat geht weit über sie selbst hinaus.

Gott wird Mensch!
Der Messias kommt. Und sie ist Seine Mutter!  *VS*

Schutzmantelmadonna, Diözesanmuseum Wien, um 1400

# Selig ist die, die geglaubt hat

Das Schlagwort lautet: »Glauben heißt nichts wissen!«
Maria zeigt: »Glauben« ist mehr als »nichts wissen«!

Glauben im Sinn Mariens ist vielmehr tiefstes inneres Vertrauen, ganze Hingabe, völlige Bindung. Obwohl sie weiß, dass Gott immer unbegreiflich bleiben wird, obwohl ihr bewusst ist, dass sie Ihn nie wird fassen können, glaubt sie.
Maria glaubt Gott in vielfältiger Weise:

– Maria glaubt an Gott, sie vertraut Ihm. Hier wird der personale Charakter ihres Glaubens sichtbar.
– Maria glaubt an Gott. Er ist hier der Kern, der »Inhalt« des Glaubens Marias. Er teilt sich selbst mit, sie glaubt (an) ihn.
– Maria glaubt in Gott. Sie bewegt sich in ihrem Glauben auf Gott zu, sie gibt sich Ihm ganz anheim.

Dennoch ist Maria bewusst, was der Heilige Augustinus treffend ausgedrückt hat: »Könntest du Gott begreifen, so wäre er nicht Gott«. Gott bleibt ein Geheimnis. Er ist immer der ganz Andere, der Undurchschaubare. Nicht einmal im Stadium der Vollendung, nicht einmal, wenn wir Gott schauen, werden wir Ihn durchschauen! Gott bleibt Geheimnis im ursprünglichsten Sinn.

Maria hat mit ihrem Leben Gott erzählt.
Sie hat sich tatsächlich von Gott bewegen lassen.
Ihr Leben war ihr Glaubenszeugnis.

Hier ist sie mir Vorbild und Ansporn, Ermutigung und Begleiterin:
Sie zeigt: »Glauben« heißt viel mehr als »nichts wissen«! *VS*

# Magnifikat – Das Lied Mariens

»Solange wir singen, haben wir Hoffnung!« – sagt Nikolaus Lenau. Maria hat das Lied der Hoffnung angestimmt – das Magnifikat*. Das ist ein revolutionäres und prophetisches Lied. Maria erscheint durch dieses Lied in einem anderen Licht, als wir es sonst gewohnt sind. Es leuchten ein radikaler Glaube und eine unzerstörbare Hoffnung auf.

Das Lied Mariens ist eine Frohbotschaft der Armut: Maria besingt den Menschen, der mit leeren Händen vor Gott steht und alles von IHM erwartet. Das macht den Menschen für Gott offen und frei. Dieser Mensch setzt sich nicht ständig an die Stelle Gottes.

Das Lied Mariens ist ein Lied der Verwandlung: Es besingt Demut, Gewaltlosigkeit und Befreiung. Es stellt die Welt auf den Kopf. Das Lied Mariens und die Bergpredigt Jesu sprechen die gleiche Sprache. Beide sind ein Vorentwurf der konkreten Utopie des Gottesreiches.

Das Lied Mariens ist ein Lied der Hoffnung: Es feiert den Sieg göttlichen Erbarmens und göttlicher Barmherzigkeit. Es kündigt sich in diesem Lied eine neue Gestalt der Welt an, die über die bloß individuelle Erfüllung und Vollendung des Menschen hinausreicht.

Das Magnifikat ist also ein Schub gegen die Resignation. Es begeistert für die Verheißung einer neuen Welt. Davon gilt es zu lernen! *MF*

---

*Lk. 1, 46–55

Heimsuchung von Jörg Breu, Stift Herzogenburg, 1501

Heimsuchung von Jörg Breu, Stift Herzogenburg, 1501

# Das Lied der Befreiung

Das Magnifikat ist ein prophetisches Lied.
Propheten und Prophetinnen sind »Sprachrohre Gottes«, furchtlos verkünden sie Gottes Botschaft und setzen sich für deren Verwirklichung ein.
In den vierten Klassen des Gymnasiums frage ich jedes Jahr, wenn wir uns mit Propheten beschäftigen, was diese denn heute verkünden müssten.
Heuer gaben die Jugendlichen folgende Antworten:
– Die Menschen müssen aufhören, sinnlose Kriege zu führen!
– Die reichen Länder müssen für die armen Länder sorgen!
– Frauen sollen nicht länger unterdrückt und ausgebeutet werden!
– Konflikte, die schon lange schwelen, müssen endlich beendet werden!
– Die Menschen müssen endlich lernen, mit der Umwelt verantwortungsvoll umzugehen!
Ich meine, diese Antworten zeigen, wie aktuell das Befreiungslied Mariens auch heute ist!
Sie stellt sich darin gegen Unterdrückung und Gewalt, tritt für die Armen ein und verheißt Rettung durch Gott.
Mir stellt sich dabei allerdings eine kritische Frage:
Auf welcher Seite steht denn die Kirche?
Steht sie nicht bis heute auf der Seite der Mächtigen?
Ist es nicht gerade im Blick auf das Magnifikat ein Leichtes, Kritik an dieser mächtigen, reichen, patriarchalen, hierarchischen Kirche zu üben?
Und doch weiß ich: Kirche, das bin genauso ich selbst!
Das sind wir Getauften, wir Gefirmten.
Da trifft die Kritik dieses Liedes auch jede und jeden von uns.
Nur so kann das Magnifikat heute Realität werden.  *VS*

## Maria – ganz niedrig

Das Magnifikat*, das Lied Mariens, beschreibt ein sehr klares – aber ein markantes – Gottesbild. Es singt von einem Gott, der auf die Niedrigkeit seiner Magd schaut. Wenn diese Niedrigkeit frei gewählt ist, dann wird Gott diesen Menschen erhöhen. Gott erhöht nicht Niedrigtuer, sondern die Niedrigen.

Demut und Niedrigkeit sind Grundhaltungen Mariens.

Das entspricht genau der Lebenshaltung Jesu. IHM geht es um die absolute Anerkennung Gottes und um den Anspruch Gottes in dieser Welt. Deshalb geht Jesus einen bewussten Weg der Niedrigkeit, ER strebt eine »Karriere nach unten« an.

Deshalb versteht sich Maria auch als »Magd des Herrn«. Sie will das Gottsein Gottes anerkennen und diesem Gott in ihrem Leben den entscheidenden Platz einräumen. Sie macht für IHN die Mitte frei.

Das ist eine sehr kritische Anfrage an uns alle. Denn wir spielen selber ganz gerne Gott. Wir machen uns zum archimedischen Punkt, um den sich alles zu drehen hat.

Wo immer der Mensch sich selbst zur letzten Instanz macht, sich zum Herrn des Lebens erklärt, sich an die Stelle Gottes setzt, da wird die Welt grausam. Die Allmachts- und Herrschaftsallüren des Menschen haben in der Geschichte genügend Katastrophen produziert.

Maria – die ganz Niedrige – lässt Gott ganz Gott sein. Sie ist die Kritikerin aller Formen der Menschenherrschaft. Und das gilt für die große Welt genauso wie für unsere kleine Welt. *MF*

---

*Lk. 1, 46-55

Heimsuchung von Jörg Breu, Stift Herzogenburg, 1501

## Die Geburt Jesu, Lk 2, 1-20

In jenen Tagen erließ Kaiser Augustus den Befehl, alle Bewohner des Reiches in Steuerlisten einzutragen.

Dies geschah zum ersten Mal; damals war Quirinius Statthalter von Syrien. Da ging jeder in seine Stadt, um sich eintragen zu lassen.

So zog auch Josef von der Stadt Nazaret in Galiläa hinauf nach Judäa in die Stadt Davids, die Betlehem heißt; denn er war aus dem Haus und Geschlecht Davids.

Er wollte sich eintragen lassen mit Maria, seiner Verlobten, die ein Kind erwartete.

Als sie dort waren, kam für Maria die Zeit ihrer Niederkunft, und sie gebar ihren Sohn, den Erstgeborenen. Sie wickelte ihn in Windeln und legte ihn in eine Krippe, weil in der Herberge kein Platz für sie war.

In jener Gegend lagerten Hirten auf freiem Feld und hielten Nachtwache bei ihrer Herde.

Da trat der Engel des Herrn zu ihnen, und der Glanz des Herrn umstrahlte sie. Sie fürchteten sich sehr, der Engel aber sagte zu ihnen: Fürchtet euch nicht, denn ich verkünde euch eine große Freude, die dem ganzen Volk zuteil werden soll:

Heute ist euch in der Stadt Davids der Retter geboren; er ist der Messias, der Herr.

Und das soll euch als Zeichen dienen:

Ihr werdet ein Kind finden, das, in Windeln gewickelt, in einer Krippe liegt.

Und plötzlich war bei dem Engel ein großes himmlisches Heer, das Gott lobte und sprach:

Verherrlicht ist Gott in der Höhe, und auf Erden ist Friede bei den Menschen seiner Gnade.

Als die Engel sie verlassen hatten und in den Himmel zurückgekehrt waren, sagten die Hirten zueinander: Kommt, wir gehen nach Betlehem, um das Ereignis zu sehen, das uns der Herr verkünden ließ.

So eilten sie hin und fanden Maria und Josef und das Kind, das in der Krippe lag. Als sie es sahen, erzählten sie, was ihnen über dieses Kind gesagt worden war. Und alle, die es hörten, staunten über die Worte der Hirten.

Maria aber bewahrte alles, was geschehen war, in ihrem Herzen und dachte darüber nach.

Die Hirten kehrten zurück, rühmten Gott und priesen ihn für das, was sie gehört und gesehen hatten; denn alles war so gewesen, wie es ihnen gesagt worden war.

Geburt Jesu von Jörg Breu, Stift Herzogenburg, 1501

# Sie bewahrte alles in ihrem Herzen

Hirten kommen zur Krippe, zum neugeborenen Kind.
Sie sind bewegt von der Botschaft des Engels, verschaffen sich Sicherheit. Und dann erzählen sie: zuerst Maria und Josef, dann wohl den Bewohnern und Bewohnerinnen von Bethlehem und nicht zuletzt denen, die das Evangelium lesen oder hören.
Maria ist davon zutiefst angerührt und bewahrt alles in ihrem Herzen.
Innehalten, das Wichtige bewahren, das lehrt Maria.
Ihre Haltung des Staunens und Erwägens beeindruckt mich. Sie hat nicht gleich gewertet, qualifiziert, beurteilt, sondern aufgenommen und »wirken lassen«.
Das erscheint mir gerade für unsere Zeit bemerkenswert.
Im Zeitalter der »Wellness« wird so viel von Loslassen, Selbstverwirklichung und »zur Mitte finden« geredet.
Was hat Maria anderes gemacht?
Sie hat sich selbst losgelassen und sich Gottes Führung überlassen.
Sie hat Ihn verwirklichen lassen, was Er mit ihr vorhatte, und sie hat Ihn als ihre Mitte gefunden.
Ich meine, Maria war, trotz aller Probleme in ihrem Leben, ein glücklicher Mensch im Einklang mit Gott und mit sich selbst.
Zweimal verwendet der Evangelist Lukas diese Formulierung: Maria bewahrte alles in ihrem Herzen.
Das zweite Mal sagt er es nach dem Erlebnis mit dem 12-jährigen Jesus im Tempel.
Beide Male wird Jesu Bestimmung, Jesu Gottessohnschaft, Jesu Göttlichkeit ein Stück offenbar.
Immer dann, wenn hinter Jesus der Christus vorleuchtet, öffnet Maria ihr Herz, nimmt auf und bewahrt. *VS*

## Im Herzen bewahren

»Man sieht nur mit dem Herzen gut!« – sagt Antoine de Saint-Exupéry im »Kleinen Prinzen«. Auch das Erinnern und das Gedenken sind Herzenssache. Das Herz ist der adäquate Ort, um die Tiefe des Lebens zu fassen.

Heute wird blitzartig abgespeichert und auf Knopfdruck wieder hervorgeholt. Das Sammeln und Bewahren im Herzen ist dagegen ein langsamer Prozess der Liebe – er dauert und überdauert. Sammeln bedeutet aufbewahren, die großen Zusammenhänge der Erfahrungen sehen, den Dingen auf den Grund gehen und die formende Kraft der Tiefe beachten.

Von Maria wird immer wieder gesagt, »dass sie alles in ihrem Herzen bewahrte«. Am Anfang des Lukasevangeliums\* fällt die Bemerkung immer wieder, vor allem wenn es um das Geheimnis des Kindes Jesus geht. Wenn das Gottesgeheimnis in Jesus Christus aufleuchtet, wenn Menschen über dieses Kind staunen oder vor IHM anbetend niederfallen oder wenn dieser Sohn nicht mehr zu verstehen ist und sein Lebensgeheimnis dunkel wird – da bewahrt Maria alles in ihrem Herzen. Sie beginnt, alles mit der weiten Logik der Liebe zu erahnen, zu erfassen und zu verstehen.

Maria muss eine sehr aufmerksame und wachsame Frau gewesen sein: eben ein Frau mit Herz! Aber sie kommt auch aus einem Volk, das sich an Gottes rettende Tat in seiner Geschichte immer erinnert hat. *MF*

---

\*vgl.: Lk. 2,19 / Lk. 2,33 / Lk. 2,51

Geburt Jesu von Jörg Breu, Stift Herzogenburg, 1501

## Das Alltagshaus von Nazareth

Wenn ich Nazareth besuche, dann gehe ich nicht bloß in die Verkündigungskirche. Ich besuche gerne die Kirche, die über dem Wohnhaus der Heiligen Familie in Nazareth gebaut wurde. In der Krypta dieser Kirche gibt es ein »Guckloch« durch das man sechs oder acht Meter tiefer den »Originalboden« des Nazareth aus der Zeit Jesu erspähen kann. Auf diesem Boden, auf diesem »Niveau« hat Jesus mit Maria und Josef dreißig Jahre lang völlig unspektakulär gelebt.

Ein wenig modern ausgedrückt heißt das: Josef und Jesus führen einen Handwerksbetrieb. Historiker haben herausgefunden, dass damals ein gewisser Bauboom gegeben war, sodass Jesus und Josef Kleinunternehmer waren.

Im Alltagshaus von Nazareth erhält Jesus auch Seine menschliche Prägung. ER wird von Josef und Maria in das religiöse Leben des Judentums eingeführt; ER erhält Seine charakteristische Prägung und Er wird für Seine Sendung und Aufgabe geformt. Erst so wird deutlich, wie sehr Maria mit dem Werk ihres Sohnes verbunden ist. Im Klang Seiner Stimme und in Seinem Blick auf Gott und die Menschen ist immer auch ihre Stimme und ihr Blick erkennbar. *MF*

Heilige Familie von Bartolomeo Altomonte, Stift Herzogenburg

## Die Hochzeit in Kana als Zeichen, Joh 2, 1-11

Am dritten Tag fand in Kana in Galiläa eine Hochzeit statt, und die Mutter Jesu war dabei. Auch Jesus und seine Jünger waren zur Hochzeit eingeladen.

Als der Wein ausging, sagte die Mutter Jesu zu ihm: Sie haben keinen Wein mehr. Jesus erwiderte ihr: Was willst du von mir, Frau? Meine Stunde ist noch nicht gekommen.

Seine Mutter sagte zu den Dienern: Was er euch sagt, das tut!

Es standen dort sechs steinerne Wasserkrüge, wie es der Reinigungsvorschrift der Juden entsprach; jeder fasste ungefähr hundert Liter. Jesus sagte zu den

Dienern: Füllt die Krüge mit Wasser! Und sie füllten sie bis zum Rand. Er sagte zu ihnen: Schöpft jetzt, und bringt es dem, der für das Festmahl verantwortlich ist. Sie brachten es ihm.

Er kostete das Wasser, das zu Wein geworden war. Er wusste nicht, woher der Wein kam; die Diener aber, die das Wasser geschöpft hatten, wussten es. Da ließ er den Bräutigam rufen und sagte zu ihm: Jeder setzt zuerst den guten Wein vor und erst, wenn die Gäste zuviel getrunken haben, den weniger guten. Du jedoch hast den guten Wein bis jetzt zurückgehalten.

So tat Jesus sein erstes Zeichen, in Kana in Galiläa, und offenbarte seine Herrlichkeit, und seine Jünger glaubten an ihn.

Hochzeit zu Kana von Leonhard Astl, Hallstätter Marienaltar, 1520

# Was er euch sagt, das tut

Maria ist mit ihrem Sohn bei einer Hochzeit. Da bemerkt sie etwas Peinliches: Der Wein geht aus. Sie wendet sich an Jesus, der zuerst abweisend reagiert: »Frau, meine Stunde ist noch nicht gekommen.« Maria lässt sich nicht aus dem Konzept bringen und weist das Personal an: »Was er euch sagt, das tut.« Und wirklich: Jesus hilft dem jungen Paar mit erstklassigem Wein aus der Patsche. Marias Hartnäckigkeit hat sich ausgezahlt: Jesus wirkt sein erstes Zeichen, ein Zeichen der Freude und des Glücks.

Ich muss gestehen, dass ich in vergleichbaren Situationen nicht so gelassen reagiere, wie Maria auf die Ablehnung durch Jesus: Kein Vorwurf, kein Nachbohren, kein Jammern.

Maria ist nicht gekränkt. Sie zieht sich nicht beleidigt zurück. Ohne die Sorge, sich zu blamieren macht sie den Dienern klar: Mein Sohn weiß einen Ausweg und er wird ihn euch zeigen. Ihr Vertrauen ist unerschütterlich.

Wenn ich Jesus um etwas bitte, bin ich dabei oft kleingläubig. Schon während meines Gebetes frage ich mich selbst, ob meine Bitte überhaupt erfüllbar ist. Ich traue Jesus dann wenig zu, vertraue nicht auf die Kraft meiner Bitte.

Oder ich überlege mir dabei, was ich quasi als Gegenleistung anbieten könnte. »Do ut des«, »Ich gebe, damit du gibst«. Diese kleinliche Einstellung ist eine Falle, in die ich im Gebet immer wieder tappe.

Doch Jesus Christus ist kein Händler, keiner, mit dem ich billigen Tauschhandel treiben könnte. Er will nicht meine Leistung. Er will dieses grenzenloses Vertrauen, das so an ihm festhält wie Maria, wenn sie die Diener anweist: »Was er euch sagt, das tut.« *VS*

# Maria im Hochzeitshaus von Kana

Das Weinwunder bei der Hochzeit von Kana* in Galiläa ist für mich ein aufregendes Wunder – aber nicht, weil es dabei um Wein geht. Es ist das »überflüssigste« Wunder Jesu, ganz im Sinne von Großzügigkeit, Überfluss, Geschenk und Gnade. Dieses Wunderzeichen ist eine praktische Auslegung des Jesuswortes: »Ich bin gekommen, damit sie das Leben haben und es in Fülle haben.«** Leben in Fülle – darum geht es!

Die Initiatorin dieses Wunders ist die Mutter Jesu. Sie merkt als Erste, dass der Wein ausgegangen ist. Ihr vertraut man zuerst das Problem an. Hat sie bloß den Blick einer besorgten Hausfrau? Oder wird schon in ihrer Person die »Problemlöserin« und Fürbitterin erkennbar?

Das Weinwunder geht tiefer. Maria führt uns in das eigentliche Geheimnis dieses Wunders hinein.

Zuerst macht sie auf das Lebensgeheimnis Jesu aufmerksam. Sie glaubt an die Fülle des Lebens, die Jesus schenken kann. Sie führt zu IHM hin. Dann vertraut Maria darauf, dass Wunder mitten in der Alltäglichkeit des Lebens geschehen – dort wo der Mangel bewusst wird. Einzufüllen ist lediglich das Wasser des Alltags, mit dem ER das Wunder wirkt. Schließlich glaubt sie an die Wirksamkeit seines Wortes. Sein Wort wirkt Wunder, so wie Gott im Anfang durch das Wort alles geschaffen hat. Zuletzt sorgt Maria durch ihren Anstoß zum Wunder, dass die Freude im Hochzeitshaus von Kana nicht ausgeht. Und Freude ist ein kostbares Geschenk. Die Freude muss auch der innerste Kern des Glaubens sein. *MF*

---

*Joh. 2,1-13
**Joh. 10,10

Hochzeit zu Kana von Leonhard Astl, Hallstätter Marienaltar, 1520

# Jesus und seine Angehörigen, Mk 3, 20-35

Jesus ging in ein Haus, und wieder kamen so viele Menschen zusammen, daß er und die Jünger nicht einmal mehr essen konnten. Als seine Angehörigen davon hörten, machten sie sich auf den Weg, um ihn mit Gewalt zurückzuholen; denn sie sagten: Er ist von Sinnen.

Die Schriftgelehrten, die von Jerusalem herabgekommen waren, sagten: Er ist von Beelzebul besessen; mit Hilfe des Anführers der Dämonen treibt er die Dämonen aus.

Da rief er sie zu sich und belehrte sie in Form von Gleichnissen: Wie kann der Satan den Satan austreiben?

Wenn ein Reich in sich gespalten ist, kann es keinen Bestand haben. Wenn eine Familie in sich gespalten ist, kann sie keinen Bestand haben. Und wenn sich der Satan gegen sich selbst erhebt und mit sich selbst im Streit liegt, kann er keinen Bestand haben, sondern es ist um ihn geschehen.

Es kann aber auch keiner in das Haus eines starken

Mannes einbrechen und ihm den Hausrat rauben, wenn er den Mann nicht vorher fesselt; erst dann kann er sein Haus plündern.

Amen, das sage ich euch: Alle Vergehen und Lästerungen werden den Menschen vergeben werden, so viel sie auch lästern mögen; wer aber den Heiligen Geist lästert, der findet in Ewigkeit keine Vergebung, sondern seine Sünde wird ewig an ihm haften.

Sie hatten nämlich gesagt: Er ist von einem unreinen Geist besessen.

Da kamen seine Mutter und seine Brüder; sie blieben vor dem Haus stehen und ließen ihn herausrufen. Es saßen viele Leute um ihn herum, und man sagte zu ihm: Deine Mutter und deine Brüder stehen draußen und fragen nach dir.

Er erwiderte: Wer ist meine Mutter, und wer sind meine Brüder? Und er blickte auf die Menschen, die im Kreis um ihn herumsaßen, und sagte: Das hier sind meine Mutter und meine Brüder.

Wer den Willen Gottes erfüllt, der ist für mich Bruder und Schwester und Mutter.

Jesus und Maria von Leonhard Astl, Hallstätter Marienaltar, 1520

# Wer ist meine Mutter und wer sind meine Brüder?

Wie viele Eltern hat sich auch Maria um ihren Sohn ernsthafte Sorgen gemacht: Im Markusevangelium heißt es, dass so viele Menschen zusammenkamen, dass Jesus und Seine Jünger nicht einmal mehr essen konnten. »Der spinnt ja«, dachten da Seine Angehörigen, und sie wollten Ihn mit Gewalt zurückholen. Denn: Das kann es ja nicht sein, das ist ja nicht mehr normal!

Jesus lässt sich aber nicht bevormunden, Er macht weiter.

Daraufhin lassen Ihn Seine Mutter und Seine Brüder herausrufen: Der Türhüter des Hauses wird wohl die Bitte der Verwandten entgegengenommen und weitergeleitet haben.

Alle erwarten, dass Jesus der Aufforderung herauszukommen folgt.

Er aber entzieht sich. Eine Berufung auf leibliche Verwandtschaft, selbst auf die Mutterschaft nimmt Jesus nicht an, während Er das Reich Gottes verkündet. Diese Botschaft hat Vorrang; Er ist jetzt nicht in erster Linie »Sohn«, sondern der Messias Gottes.

Seine Verwandtschaft sind die »Kinder Gottes«, die den Willen des Vaters erfüllen.

Lange Zeit hat mich diese Schriftstelle empört: Wie kann Jesus so mit Seiner Mutter umgehen! Dann habe ich aber begriffen: Jesus sagt nicht, dass Seine Mutter für Ihn nicht wichtig sei, sondern Er erweitert den Kreis: Jesus schließt nicht aus, sondern ein!

Wer den Willen Gottes erfüllt, der ist Jesu Bruder, Schwester und Mutter. *VS*

# Entfremdung

Eltern sind irgendwann mit der Entfremdung ihrer Kinder konfrontiert. Irgendwann kommt der Punkt, wo Kinder aus dem Haus gehen, ihren eigenen »Kopf« durchsetzen, das Leben selbst bestimmen oder sogar sehr fremde Wege gehen. Diesen Ablösungsprozess hat es ganz sicher auch zwischen Maria und ihrem Sohn Jesus gegeben.

Es gibt viele Stellen in den Evangelien, die sogar eine ganz starke Entfremdung erkennen lassen. Das liegt in der »Natur der Sache«: Jesus ist Gottessohn. Bereits als Zwölfjähriger stellt ER fest, »dass Er in dem Sein muss, was Seinem Vater gehört«*. Sein eigentliches Vaterhaus ist der Tempel. Er möchte von allen Bindungen frei sein, wenn es um das Reich Gottes geht. Und wenn ER von seinen Jüngerinnen und Jüngern Nachfolge einfordert, dann gehört für IHN das Verlassen von Brüdern, Schwestern, Müttern und Vätern dazu. Ein familienfreundlicher Typ ist Jesus nicht und schon gar kein Familienmensch. Familienbindungen reiht ER sehr schnell hinten an. ER setzt auch gegenüber seiner Mutter deutliche Grenzen. Befremdend ist etwa, wenn ER seine Mutter mit einem distanzierenden »Frau, was habe ich mit dir zu tun?«** anspricht.

Man darf diese Situation nicht bloß psychologisch deuten. Es geht um das Geheimnis Gottes, das immer mit einer gewissen Be-fremdung zu tun hat. Der Sohn Mariens bleibt auch für sie Gottessohn. Und von ihr wird ein unglaublicher Prozess verlangt: Aus der Mutter muss eine Jüngerin des Sohnes werden. *MF*

---

*Lk. 2,41-52
**Joh. 2,4

Jesus und Maria von Leonhard Astl, Hallstätter Marienaltar, 1520

## Tod und Beisetzung Jesu, Joh 19, 25-42

Bei dem Kreuz Jesu standen seine Mutter und die Schwester seiner Mutter, Maria, die Frau des Klopas, und Maria von Magdala.

Als Jesus seine Mutter sah und bei ihr den Jünger, den er liebte, sagte er zu seiner Mutter: Frau, siehe, dein Sohn! Dann sagte er zu dem Jünger: Siehe, deine Mutter! Und von jener Stunde an nahm sie der Jünger zu sich.

Danach, als Jesus wusste, dass nun alles vollbracht war, sagte er, damit sich die Schrift erfüllte: Mich dürstet. Ein Gefäß mit Essig stand da. Sie steckten einen Schwamm mit Essig auf einen Ysopzweig und hielten ihn an seinen Mund. Als Jesus von dem Essig genommen hatte, sprach er: Es ist vollbracht! Und er neigte das Haupt und gab seinen Geist auf.

Weil Rüsttag war und die Körper während des Sabbats nicht am Kreuz bleiben sollten, baten die Juden Pilatus, man möge den Gekreuzigten die Beine zerschlagen und ihre Leichen dann abnehmen; denn dieser Sabbat war ein großer Feiertag. Also kamen die Soldaten und zerschlugen dem ersten die Beine, dann dem andern, der mit ihm gekreuzigt worden war.

Als sie aber zu Jesus kamen und sahen, dass er schon

tot war, zerschlugen sie ihm die Beine nicht, sondern einer der Soldaten stieß mit der Lanze in seine Seite, und sogleich floss Blut und Wasser heraus.

Und der, der es gesehen hat, hat es bezeugt, und sein Zeugnis ist wahr. Und er weiß, dass er Wahres berichtet, damit auch ihr glaubt. Denn das ist geschehen, damit sich das Schriftwort erfüllte: Man soll an ihm kein Gebein zerbrechen.

Und ein anderes Schriftwort sagt: Sie werden auf den blicken, den sie durchbohrt haben.

Josef aus Arimathäa war ein Jünger Jesu, aber aus Furcht vor den Juden nur heimlich. Er bat Pilatus, den Leichnam Jesu abnehmen zu dürfen, und Pilatus erlaubte es. Also kam er und nahm den Leichnam ab.

Es kam auch Nikodemus, der früher einmal Jesus bei Nacht aufgesucht hatte. Er brachte eine Mischung aus Myrrhe und Aloe, etwa hundert Pfund. Sie nahmen den Leichnam Jesu und umwickelten ihn mit Leinenbinden, zusammen mit den wohlriechenden Salben, wie es beim jüdischen Begräbnis Sitte ist.

An dem Ort, wo man ihn gekreuzigt hatte, war ein Garten, und in dem Garten war ein neues Grab, in dem noch niemand bestattet worden war. Wegen des Rüsttages der Juden und weil das Grab in der Nähe lag, setzten sie Jesus dort bei.

Kreuzigungsgruppe, Stift Herzogenburg, nach 1500

# Frau unter dem Kreuz

Nach dem Johannesevangelium steht Maria unter dem Kreuz Jesu – zusammen mit dem Jünger, den Jesus liebte. Das erwähnen die anderen Evangelien nicht.

Maria – unter das Kreuz gestellt – bezeugt das Menschsein Jesu und den ewigen Sohn Gottes, der das Heil in Fülle allen schenkt, die IHN lieben.

Ich sehe Maria auch als Stellvertreterin für viele unter dem Kreuz. Für mich ist sie die Stellvertreterin vieler Frauen, die an der Seite Leidender stehen:

Mütter, die an den Betten sterbender Kinder stehen oder ihre verhungernden Kinder in den Armen halten; Mütter, die mit ihren Kindern in Todesangst auf der Flucht sind; Frauen, deren Männer gefoltert oder hingerichtet werden; Mütter, die ihre Kinder zur Kinderarbeit schicken müssen; Frauen, die sich für ihre Familien ausbeuten oder missbrauchen lassen; Frauen in den Elendsvierteln vieler Städte, die nicht wissen, wie das Leben und Überleben morgen weitergeht. Es gibt zahllose Frauen, die heute unter einem Kreuz stehen müssen.

Dass Maria beim Sterben Jesu dabei ist, unterstreicht die Kraft dieser Frau: keine Wehleidigkeit, kein Davonlaufen, kein Selbstmitleid. Sie wird eine Mitleidende und macht ihre eigene »Kreuzigung« durch. Sie steht machtlos der brutalen Exekution ihres Sohnes gegenüber. Auch in ihr muss es dunkel geworden sein, wenn ein solches Sterben dem Willen Gottes entspricht. Aber durch die Kraft ihres Mitleidens trägt sie zur Erlösung der Menschheit bei – so wie alle Frauen und Mütter unter den vielfältigen Kreuzen ein Stück Erlösung leben. *MF*

## Maria und die Kirche

Die Stunde des Sterbens Jesu am Kreuz ist die Geburtsstunde der Kirche. Das Johannesevangelium erzählt, dass ein Soldat mit einem Lanzenstich die Seite Jesu – das Herz – aufgebrochen hat. Blut und Wasser quellen aus dem geöffneten Herzen hervor.* Sie werden als das Verschenken des Lebens und als das Ausströmen des Heiligen Geistes gedeutet: Quelle der Liebe, Quelle des Geistes. Aus diesem Strom wird die Kirche geboren. Der Gekreuzigte verschenkt Sein Leben und verströmt den Heiligen Geist. Jetzt ist Seine Liebe nicht mehr eingegrenzt.

Unter dem Kreuz beginnt die Kirche. Jesus hat unmittelbar vor Seinem Tod seine Mutter dem Jünger und den Jünger der Mutter anvertraut.** Sie bilden den Anfang der neuen »Familie Jesu«, der Kirche. Aus der geöffneten Seite Jesu und aus dem Herzschlag Mariens und des Jüngers wird die Kirche geboren. Beide tragen das Vermächtnis Jesu hinüber in die Zeit der nachösterlichen Kirche. Sie sind authentische Zeugen für den Ursprung der Kirche und sie bezeugen der Kirche das Erbe Jesu: den Menschen Jesus von Nazareth, der als der wesensgleiche Sohn Gottes in der Kirche durch seine Gnade, durch den Heiligen Geist und durch seine Liebe bis zur Vollendung der Welt weiter wirkt.

Maria ist die Brücke für dieses Zeugnis. Dieser Anfang geht mit und ist von der Kirche nicht zu trennen. Deshalb ist Maria Mutter der Kirche und Schwester aller Glaubenden. *MF*

---

*Joh. 19,33-35
**Joh. 19,25-27

Kreuzigung, Stift Herzogenburg, um 1515

Kreuzigung, Stift Herzogenburg, um 1515

# Maria im Haus des Jüngers

Das Johannesevangelium erzählt, dass der Jünger nach der Kreuzigung Jesu Maria in sein Haus aufgenommen hat. Ich gehe jetzt nicht auf das Problem ein, ob der Apostel Johannes, der Verfasser des Johannesevangeliums und der Jünger, den Jesus liebte, eine Person sind oder verschiedene.

Jedenfalls schweigt sich das Evangelium über das Haus des Jüngers aus. Es kommt nirgends mehr vor. Aber die fromme Tradition »kennt« dieses Haus. Unweit der Grabeskirche in Jerusalem gibt es die Kirche der Syrer. Sie soll über dem Haus des Jüngers Johannes stehen. Das ist sicher Spekulation. Aber in dieser Kirche wird das älteste Marienbild Jerusalems aufbewahrt.

Und ich spekuliere weiter. Es ist auffällig, dass der Evangelist Johannes das Christusgeheimnis in einer unnachahmbaren Tiefe meditiert. Das beginnt schon im Prolog dieses Evangeliums, der von Jesu ewigem Sein beim Vater bis zur Fleischwerdung des Wortes hinführt. Die »Ich-bin-Worte« des Johannesevangeliums – Brot, Licht, Tür, Leben, Wahrheit, Hirt – lassen den Gottesnamen des Ersten Bundes in Jesus Christus aufleuchten. Dieses Evangelium unterstreicht die Selbstoffenbarung Jesu vor der Welt, seine Messianität und seine Sendung als Retter der Welt. Das Lebensgeheimnis Jesus wird »von innen her« beschrieben.

Ist das der Beitrag der Mutter des Herrn im Haus des Johannes? Sie weiß um die wahre Herkunft ihres Sohnes. Deshalb ist sie die kompetente Interpretin seines Lebensgeheimnisses und sie schenkt uns das ganze Christusgeheimnis. *MF*

# Pietà

Jedes Mal, wenn ich als junges Mädchen in Rom war, bin ich zumindest an einem Morgen alleine in einen kleinen Blumenladen in der Via delle Fornaci gegangen. Dort habe ich eine rote Rose gekauft und sie in den noch fast menschenleeren Petersdom gebracht. Ich habe sie vor Maria gelegt:

Damals war noch kein Glas vor der Statue wie heute. Wenn ich diese Figuren lange ansehe, dann wird der Marmor zu weicher Haut, zu fließendem Gewand...

Maria ist jung. Fast ungläubig hält sie ihren toten Sohn im Arm. Sie bietet Ihn dar, scheint Ihn an mich weiterzureichen.

Jesus ist hier nicht der Gemarterte, Geschundene. Er ruht hingegossen am Schoß der Mutter, umgeben von der unwirklichen Kühle des Todes.

Was macht das Leben aus?

Und was verändert sich im Tod?

Michelangelo hat diesen Fragen Gestalt gegeben. Im Gesicht Mariens bekommen sie menschliche Züge. Ihr Blick ist schmerzvoll und doch ruhig. Bei aller Zärtlichkeit scheint er ins Leere zu gehen. Maria kann nicht dorthin sehen, wo ihr Sohn jetzt ist.

Zwar hält sie Seinen Körper im Arm, doch Jesus ist nicht mehr da. Sie erreicht Ihn nicht mehr. Der Körper in ihrem Arm wird langsam kühler, die Haut wächserner, die Gestalt fremder.

Diese Erfahrung teilt Maria mit allen, die Abschied nehmen müssen.

In der Statue der Pietà begegne ich meiner eigenen Ratlosigkeit, meiner Verunsicherung und meinem fassungslosen Fragen.

Ich hoffe, dass ich auch Marias Vertrauen lerne, ihre Zuversicht spüre, ihren Glauben geschenkt bekomme. *VS*

Pietà von Michelangelo Buanarroti, Peterskirche/Vatikan, 1499

Gnadenbild von Alexander Schinagel, Maria Taferl, 1642

## Schmerzensmutter

Wie ein breiter Strom durchziehen Leid und Tod die Geschichte und oft auch das Leben einzelner Menschen. Das Leid hat viele Gesichter: Krankheit, Krieg, Verfolgung, Folter, Unterdrückung, ungerechte Situationen. Überall schaut uns der Tod entgegen. Und es taucht oft die Frage auf: »Wie kann Gott das alles zulassen?«

Zu den ergreifendsten Mariendarstellungen zählt die Pietà: Maria hat den vom Kreuz abgenommenen, zerfetzten und toten Sohn auf ihrem Schoß liegen. Ein letztes Mal trägt sie IHN. Dieses Bild kommt nicht aus der Heiligen Schrift, sondern aus der frommen Betrachtung des Sterbens Jesu. Es entspricht der Logik der Liebe, dass die Mutter ihren Sohn nochmals in die Arme schließt. Ihr traut man diese Nähe zu.

Die Pietà zählt zu den Mariendarstellungen, die am besten von den Menschen verstanden werden. Denn sie fühlen sich von Maria angenommen, getröstet und getragen. Bei ihr können sie Leid und Belastungen abladen. Sie hält sie, wie sie Jesus gehalten hat.

Der tote Jesus auf dem Schoß der Mutter ist auch eine Erinnerung an das Leben. Schoß bedeutet Leben, Geborenwerden. Kündigt sich hier schon die »österliche Geburt« an? In das Leiden und Sterben hat Jesus Gottes Gegenwart und Liebe hineingetragen und ist selber mit der ganzen Liebe Seines Herzens in die Unbegreiflichkeit des Todes hinabgestiegen. Mit dieser Liebe hat ER die Macht des Todes von innen her aufgebrochen. Diese Hoffnung beginnt in der Pietà aufzuleuchten. *MF*

## Maria in der Gemeinde von Jerusalem

Der erste und der letzte Bericht über Maria in den Schriften des Evangelisten Lukas – in seinem Evangelium und in der Apostelgeschichte – hat mit dem Heiligen Geist zu tun. In der Stunde der Verkündigung wird Maria vom Heiligen Geist überschattet; zu Pfingsten empfängt sie im Kreis der Jünger den Heiligen Geist.

Maria und der Heilige Geist gehören zusammen.

Nach dem Weggang des auferstandenen Christus zu Seinem Vater versammelt sich im Abendmahlsaal um Maria ein Jünger- und Jüngerinnenkreis, der sich durch Gebet und Gemeinschaft auf die Ausgießung des Heiligen Geistes vorbereitet. Sie bezeugen einander das Wirken Jesu, Seinen Tod und Seine Auferstehung. Maria bezeugt in diesem Kreis das Geheimnis der Empfängnis Jesu, die Zeichen um Seine Geburt und Kindheit. Mit Recht hat Papst Johannes Paul II. Maria als das »Gedächtnis der Kirche« und als »Katechetin der Christen« bezeichnet. So ist hier das ganze Zeugnis über Christus anwesend.

Die Mutter des Herrn ist in der Jerusalemer Christengemeinde eine entscheidende Zeugin für den Glauben der jungen Kirche. Sie lebt in dieser ersten Christengemeinde wie ein pulsierendes, belebendes, einigendes Herz. Sie ist in der Mitte. Sie ist in dieser Gemeinschaft vorbildhaft Glaubende und Jüngerin ihres Sohnes.

Durch die Ausgießung des Heiligen Geistes zu Pfingsten wird Maria – wie die Apostel – zur Trägerin der Verheißung, zur Prophetin und Zeugin, zur Schwester des Herrn und zur Mitchristin. *MF*

Pfingstwunder von Daniel Gran, Stift Herzogenburg, um 1750

Pfingstwunder von Daniel Gran, Stift Herzogenburg, um 1750

# Maria, Wegbegleiterin der Kirche

Das II. Vatikanische Konzil hat die Kirche als »Volk Gottes auf dem Weg« beschrieben. Die Kirche ist Pilgerin und auf Wanderschaft durch die Zeit. Das ist ein dynamisches Bild von Kirche.

Maria ist als gute Wegbegleiterin der Kirche zur Seite gegeben. Im Blick auf Maria wird die Kirche einen guten Weg finden. Maria ist ein innerer Kompass für den Weg der Kirche.

Was kann die Kirche von dieser Wegbegleiterin lernen?

Erste Priorität für die Kirche der Zukunft hat die Erneuerung des geistlichen Lebens. Vielleicht ist unsere Kirche infolge des raschen Aufbruchs etwas liberal, aktivistisch und auch ein wenig geistlos geworden. Die Wegbegleiterin Maria, die Christus empfangen, geboren und begleitet hat, sagt uns: Das Erste und Tiefste ist die herzliche und lebendige Beziehung zu Christus.

Zweite Priorität hat eine dichte Gemeinschaft der Christen – die Kommunion der Kirche, einschließlich der großen Versöhnung in der Ökumene. Maria, die Wegbegleiterin der Kirche ist selbst zu Pfingsten Mutter der Kirche und Schwester der Christen geworden.

Dritte Priorität hat ein neues Ernstnehmen des Weltauftrags der Kirche. Sie hat Sakrament des Heils für die Welt zu sein, wie das Maria in ihrem Lied, dem Magnifikat, erahnt. Maria geht in dieser Vision mit einer neuen Welt schwanger.

Mit der Wegbegleiterin Maria kann die Kirche mutig in die Zukunft gehen! Größere Schritte sind angesagt! *MF*

# Erfüllte Hoffnung in Maria

Der russische Dichter Fjodor Michailowitsch Dostojewski hat bei einem längeren Aufenthalt in Dresden täglich bis zu zwei Stunden vor der Sixtinischen Madonna in der königlichen Gemäldegalerie zugebracht. Seine Aussage dazu: »Dieses Bild bewahrt mich vor der Verzweiflung am Menschen!«

Papst Pius XII. hat 1950 das Dogma von der leiblichen Aufnahme Mariens in den Himmel verkündet. Nach Jahren der Zerstörung und Vernichtung im Zweiten Weltkrieg, nach der Tötung von zig-Millionen Menschen, wollte der Papst mit dem Glaubensgeheimnis von der Vollendung Mariens an Leib und Seele einen Hoffnungsimpuls setzen. Maria wird zum Bild der erfüllten Hoffnung, nachdem das Leben von Millionen Menschen geschunden, vergewaltigt, gedemütigt und vernichtet wurde.

Der Glaube an die Vollendung Mariens besagt, dass das letzte Wort in der Geschichte Gott hat. Nicht das Böse behält Recht, sondern Gott sagt Rettung an. Maria verkörpert diesen Sieg Gottes.

Das Bild von der Vollendung Mariens sagt weiters, dass es nach dem Willen Gottes keine Zu-Kurz-Gekommenen gibt. ER will für alle volles Leben und volles Glück. Das meint mehr als bloß ausgleichende Gerechtigkeit. Es geht um Leben in Fülle.

Und schließlich ist Maria in ihrer Vollendung eine Ansage wider den Tod. Maria wird als ganzer Mensch von Gott aufgenommen. Wer sich ganz Gott überlässt, wird von Gott ganz angenommen. Maria ist in die Auferstehungsherrlichkeit ihres Sohnes hineingenommen.

Die erfüllte Hoffnung in Maria rettet uns aus der Verzweiflung am Menschen!

Die Heimkehr zu Gott ist unsere Zukunft. Maria ist uns vorausgegangen! *MF*

Die apokalyptische Frau von Paul Troger, Stiftskirche Altenburg, 1733

## Maria im Geheimnis des dreifaltigen Gottes

Christen bekennen Gott als dreifaltigen Gott.

In Gott gibt es Liebe, Austausch, Beziehung und Kommunion. Viele Darstellungen von der Aufnahme und Krönung Mariens zeigen sie hineingeborgen in diesen dreifaltigen Gott.

An der Apsis der ehemaligen Abteikirche Zwiefalten in Baden-Württemberg wird die Beziehung Mariens zum dreifaltigen Gott so formuliert:

*»Maria –*
*filia patris – Tochter des Vaters,*
*mater filii – Mutter des Sohnes,*
*sponsa Spiritus sancti – Braut des Heiligen Geistes.«*

Als Tochter des Vaters erweist sich Maria, indem sie ihr Leben auf das gleiche Grundwort aufbaut, das auch ihr Sohn erwählt hat: »Mir geschehe nach deinem Wort« oder: »Der Wille Gottes geschehe!« In diesem Sinne erweist sich Maria als gehorsame und gläubige Tochter Gottes.

Als Mutter des Sohnes hat Maria nicht nur Jesus geboren, sondern auch – im wahrsten Sinn des Wortes – zur Welt gebracht. Sie geht viele Wege seines Lebens mit. Im Johannesevangelium steht sie sogar unter dem Kreuz.

Als Braut des Geistes erweist sich Maria, indem sie sich seiner Führung und Kraft überlässt.

Als Tochter, Braut und Mutter ist die Beziehung Mariens zu Gott bestimmt. Sie lebt diese Beziehung mit allen Fasern ihres Herzens. *MF*

Krönung Mariens von Wolfgang Aßlinger, Pfarrkirche Heiligenblut, 1520

## Wer bist du, Maria?

Du wurdest und wirst so oft missdeutet, missbraucht, verkitscht, herabgewürdigt oder ignoriert wie kaum ein Mensch dieser Kirche. Viel Unfug wurde und wird mit Dir getrieben, von überhöhter »Fast-Vergöttlichung« bis zum Verstauben im hintersten Winkel. So oft missverstanden und doch so kostbar!

Du bist mir ans Herz gewachsen, Maria, in vielen Jahren.

In meiner Kindheit und Jugend warst Du mir fremd. Erst, als ich selbst begann, Maiandachten zu feiern, setzte ich mich mit Dir, mit Deinem Leben, mit Deiner Bedeutung auseinander. Ich versuche, Dir gerechter zu werden, und bekomme so Vieles für mein Leben geschenkt. Ich habe Dich schätzen gelernt, als Begleiterin, als Frau in dieser oft so männlich geprägten Kirche, als Mutter, die mich als Mutter versteht.

So rufe ich zu dir:

*Maria, du Begleiterin aller, die sich von Gott ansprechen lassen,*
*Maria, du Begleiterin aller, die von Gottes Botschaft berührt werden,*
*Maria, du Begleiterin aller, die der Charme des Herrn erfüllt,*
*Maria, du Begleiterin aller, die sich Gottes Licht entgegenstrecken,*
*Maria, du Begleiterin aller, an die sich Gott gebunden hat,*
*Maria, du Begleiterin aller, die Gottes Wort beglückt,*
*Maria, du Begleiterin aller, die durchlässig werden für Gott,*
*Maria, du Begleiterin aller, die Gott zur Verfügung stehen,*
*Maria, du Begleiterin aller, die den Mut haben, Gott zu dienen,*

Gnadenbild, Stift Herzogenburg

*Maria, du Begleiterin aller, die ihr Herz Gott öffnen,*
*Maria, du Begleiterin aller, die grenzenlos vertrauen wollen,*
*Maria, du Begleiterin aller, deren Ziel Jesus Christus ist, bitte für uns. VS*

Gnadenbild, Stift Herzogenburg

# Das Bild in mir

Viele tragen in ihrer Geldbörse oder im Führerscheinetui Fotos von geliebten Menschen mit. Diese Bilder dienen der Erinnerung, der Vergewisserung ihrer Nähe oder zum Herzeigen. Solche Bilder sind oft lange Lebensbegleiter. Das mag auch der Grund sein, dass es so viele Ikonen und Bilder Mariens gibt, die an Gnadenorten, in allen Kirchen und in unseren Wohnungen einen selbstverständlichen Platz haben. Maria gehört zu uns.

Ich trage seit früher Kindheit ihr Bild in mir. Ich habe als Zweijähriger meine Mutter verloren. Natürlich war ich sehr behütet von guten Menschen; ich war geborgen. Aber eine Mutter fehlt. Deshalb habe ich mich schon als Kind dem sehr mütterlichen Marienbild der Herzogenburger Stiftskirche verbunden gefühlt. Oft bin ich als Ministrant vor diesem Bild gestanden. Dieses Bild hat mir eine tiefe Beziehung zu Maria geschenkt.

Freilich hat sich ihr Bild in mir gewandelt. Als Theologe und junger Mann hat mich mehr die prophetische und kritische Seite an Maria interessiert. Ich hatte sehr lange durch das Bild Mariens auch ein überhöhtes Frauenbild in mir – das hat den Umgang mit »ihren Schwestern« oft nicht leicht gemacht. Als Priester und Seelsorger war mir Maria als Schwester im Glauben und als Urbild der Kirche wichtig. Konfrontiert mit dem Leid und der Verzweiflung vieler Menschen wurde mir Maria als große Fürbitterin wichtig. Als Vorsteher eines Klosters braucht man Maria als fürsorgliche Hausfrau für seine Mitbrüder. Und manchmal denke ich im Älterwerden auch schon daran, dass sie »in der Stunde des Todes« bei mir ist.

Wenn sich das Bild Mariens in meinem Leben auch wandelt, die Beziehung zu ihr wird immer tiefer. *MF*

## Maria ganz einfach

Der Maler Lucas Cranach hat für die Kirche St. Jakob in Innsbruck ein Marienbild gemalt. Dieses Bild soll nach Hinweisen von Martin Luther entstanden sein: keine Immaculata, keine Himmelskönigin – sondern ganz Frau und ganz Mutter. Da wird keine himmlische Atmosphäre entfaltet, keine Engelscharen – nur das Kind, das seine Wange an die Wange der Mutter legt.

Maria ganz einfach. Maria ganz menschlich.

Was Einfachheit meint, beschreibt Dag Hammarskjöld, ehemals UNO-Generalsekretär, in seinem Tagebuch: »Einfachheit heißt sehen, urteilen und handeln von dem Punkt her, in welchem wir in uns selber ruhen. Wie vieles fällt da weg! Und wie fällt alles andere in die rechte Lage! ... Dadurch wird der Mensch zu einem Kosmos, dessen Reichtum wir nur in Bruchteilen erfassen. Für den Einfachen ist das Leben einfach, aber es öffnet ein Buch, in welchem wir nie über den ersten Buchstaben hinauskommen.«*

Einfachheit meint: alles auf das Wesentliche zu beschränken, um ein Höchstmaß an Schlichtheit und innerer Ruhe zu erreichen. Wer den Schatz im Acker entdeckt hat, verkauft alles, um ihn zu gewinnen.

Jesus und Maria – Wange an Wange – das ist der einfache Urgestus der Liebe. Da bedarf es keiner Überhöhung.

Wir sehnen uns alle zutiefst nach Einfachheit, Klarheit, Ordnung. *MF*

---

*Zeichen am Weg, Verlag Droemer/Knaur, München 1979, Seite 93f.

Gnadenbild, Stift Herzogenburg

Volksaltar (mit Hochaltar im Hintergrund) von Wander Bertoni, Stift Herzogenburg, 1995

# Mit Maria auf dem Weg

Die Andachten, die im Mai täglich in unserer Kirche in Herzogenburg gefeiert werden, sind mir im Lauf der letzten Jahre sehr lieb geworden. Ich muss zugeben, dass ich früher mit dieser Art der Frömmigkeit nicht allzu viel anzufangen wusste.

Hier spüre ich allerdings wirklich, dass Maria eine Wegbegleiterin ist, die uns zu ihrem Sohn führt.

Maria ist nie das Ziel. Sie wird nicht angebetet. Sie ist Gefährtin am Weg zum Herrn.

In Herzogenburg wird das dadurch unterstrichen, dass jede Maiandacht am Marienaltar beginnt: Ein kurzer Wortgottesdienst mit Gebet, einer Schriftlesung mit Homilie und marianischen Liedern wird gefeiert. Dann zieht die ganze Gottesdienstgemeinde zum Zelebrationsaltar, wo das Allerheiligste ausgesetzt und verehrt wird.

Dieser Ortswechsel lässt mich immer wieder neu spüren, dass Jesus Christus das eigentliche Ziel meiner Gebete, meiner Bitten, meines Suchens ist.

Er ist die Mitte meines Glaubens.

Der christliche Glaube bekennt Jesus von Nazareth als den auf einmalige einzigartige Weise vollendeten Menschen. Für alle und mit allen. Weil Er eins ist in Gott, wohnt die ganze Fülle in Ihm.

Unsere Vollendung und unser Ziel ist es, Jesus Christus immer gleichförmiger zu werden.

»Er ist ein Bild Gottes, des unsichtbaren, Erstgeborener aller Schöpfung, denn in Ihm wurde erschaffen alles in den Himmeln und auf der Erde, das Sichtbare und das Unsichtbare, seien es Throne, seien es Herrschaften, seien es Hoheiten, seien es Mächte; alles ist durch Ihn und auf Ihn hin erschaffen; und Er ist vor allem, und alles hat in Ihm Bestand.«* *VS*

---

*Kol 1,16-17

## Salve Regina

Salve, Regina!
Gegrüßet seist Du, Königin!
Du bist keine der Königinnen, über die man in bunten Zeitungen schreibt.
Von Dir sieht man nichts in den »Seitenblicken«, Du bist nicht in der »Yellow-Press«, bist nicht der mit Spannung erwartete Ehrengast am Opernball, wirst nicht von Paparazzis gejagt.
Und doch: Du bist die wahre »Königin der Herzen«.
Wie eine gütige Landesmutter bist Du da,
Vertrauensperson und Vorbild zugleich.
Deine Audienzen sind gut besucht,
tagtäglich wenden sich Menschen mit ihren Sorgen und Bitten an Dich.
Du weist niemanden ab, alle sind Dir willkommen.
Hervorgehoben bist Du, sitzt auf einem Thron.
Nicht, um über anderen zu thronen,
nicht um sie zu beherrschen, sondern um für sie da zu sein.
Gott erlebe ich oft als so groß, so Ehrfurcht gebietend,
– manchmal als sehr fremd.
Du hingegen bist ein Mensch, der normalen Alltag gelebt hat,
der die Sorgen des Lebens aus eigener Erfahrung kennt,
der als Mutter auch zärtlich ist.
Salve, Regina!
Gegrüßet seist Du, Königin!
Dir vertraue ich mich gerne an!  *VS*

Hochaltarbild von Daniel Gran, Sift Herzogenburg, um 1750

Hochaltarbild von Daniel Gran, Sift Herzogenburg, um 1750

## Mutter Gottes, Gottesgebärerin

»Sub tuum praesidium confugimus, Sancta Dei Genitrix«, »Unter deinen Schutz und Schirm fliehen wir, o heilige Gottesgebärerin«, so beginnt die früheste Marianische Antiphon, die vom Anfang des vierten Jahrhunderts auf einem ägyptischen Papyrus überliefert ist.

θεοτοκοσ*, dei genitrix, Gottesgebärerin, ist seit früher kirchlicher Zeit (3. Jhdt.) die Bezeichnung für Maria. Diese Anrede war nicht unumstritten, doch 431 wurde der Titel vom Konzil von Ephesus bestätigt.

Dadurch, dass Maria Jesu Mutter ist, hat sie im höchsten Maß Anteil daran, dass Jesus, der Christus, Mensch wird. Über Seine Geburt hinaus. Ihre Mitwirkung an Seinem Erlösungswerk ist von hervorragender Bedeutung, wenn auch Jesus Christus alleiniger Erlöser ist und bleibt. Maria hat Jesus Christus empfangen und geboren, der wahrer Gott und wahrer Mensch ist.

Somit trägt sie die Titel »Gottesgebärerin« und »Mutter Gottes« zu Recht. Darin liegt auch der Grund der Marienverehrung.

»Unter deinen Schutz und Schirm fliehen wir, o heilige Gottesgebärerin.«

Das ist für mich nicht nur ein interessanter theologischer Inhalt, sondern eine Zusage im Alltag: Seit etwa 1700 Jahren erleben Menschen Maria als Beschützerin. Sie kommen zu ihr, wenn sie sich bedroht fühlen, tragen Angst und Sorge zu ihr und gehen getröstet und bestärkt von ihr weg.

Immer wieder reihe ich mich in diese Menschenmenge ein, betend, bittend, hoffend.

Immer wieder weiß ich mich unter dem Schutzmantel Mariens geborgen.  *VS*

---

*θεοτοκοσ, griechisch; gesprochen: teotokos

# Gebet der trockenen Seele

Viele Menschen tun sich mit dem Rosenkranzgebet schwer. Manche lehnen diese Gebetsform überhaupt ab. Ich meine, dass der Rosenkranz für den heutigen Menschen sogar eine große Hilfe ist. Ein paar Überlegungen dazu:

Der Rosenkranz ist das Gebet der trockenen Seele. Viele beten heute nur mehr sporadisch oder finden in das Gebet nur schwer hinein. Viele Menschen sind zerstreut oder leiden an mangelnder Konzentration. Und viele wollen einfach nicht beten. Der Rosenkranz ist ein wiederholendes Gebet, das in Schwung bringt, das »eingerostete Barrieren« überwindet und die Seele wieder belebt. Ein geeignetes Gebet für den heutigen Menschen.

Der Rosenkranz ist ein Gebet für unterwegs. Spaziergänge, Autofahrten, Besorgungswege und Wartezeiten können durch den Rosenkranz in wertvolle Gebetszeiten umgewandelt werden. Aus einer Leerlaufzeit wird erfüllte Zeit.

Der Rosenkranz ist ein Christusgebet, eine Christusmeditation. Jesus ist das Zentrum dieses Gebetes – Seine Menschwerdung, Sein Leiden, Sterben und Auferstehen. Durch das Gebet der neuen lichtreichen Rosenkranzgeheimnisse betrachten wir auch wichtige Stationen des Lebens und Wirkens Jesu. Das meditative Wiederholen eines Geheimnisses verbindet uns tiefer mit dem Herrn, bringt Sein Leben und unseres in Berührung.

Der Rosenkranz verbindet mit Gebetsformen anderer Religionen. Unsere Welt wird kleiner; sie rückt zusammen. Die Begegnungen mit anderen Religionen werden immer häufiger. Der Rosenkranz ist uns dabei schon lange voraus. Er erinnert an die Gebetsschnüre und ihre Knoten am Jüdischen Gebetsmantel. Er ist ähnlich den Gebetsmühlen in den Religionen des Fernen Ostens und schließlich erinnert er an die Perlenschnur der Moslems.

Rosenkranzgabe, Pfarrkirche Zell am Moos, um 1520

Mit einem Wort: Es zahlt sich aus, über den Rosenkranz neu nachzudenken und mit diesem Gebet wieder anzufangen. *MF*

## Perlen des Vertrauens

Ich gehe spazieren, der Traisen entlang,
Auwald zu meiner Linken.
Ruhe, leichter Wind.
Der Takt der Schritte lässt mich innerlich schwingen,
wie das Pendel einer Uhr.
Meine Hand tastet in der Manteltasche:
Ich berühre die kühlen Perlen meines Rosenkranzes.
Er ist aus Milchquarz, glatt, vertraut.
Behutsam löse ich seine Verschlingungen, greife nach
dem Kreuz, beginne zu beten.
Ich glaube an Gott, den Vater, den Allmächtigen, …
Vertraute Worte, Sicherheit gebend,
im Einklang mit dem Rhythmus der Schritte, mit dem
Rhythmus des Lebens …
Schöpfer,
Erlöser,
Lebensspender.
Erste Perle
Vater unser im Himmel, geheiligt …
verbunden mit allen Christinnen und Christen dieser Erde
Weltgebet
Dann die drei Grundhaltungen menschlichen Lebens.
… der in uns den Glauben vermehre,
… der in uns die Hoffnung stärke,
… der in uns die Liebe entzünde.
Wieder ein Vater-Unser.
Ruhe durchflutet mich, ich horche in mich hinein.
Welche Bilder steigen auf?
Meine Kinder sind da.
Meine Sorge um sie.
Meine Wünsche, die sie begleiten.
Erstes Gesätzchen:
Jesus, der meine Kinder behüten möge …

Rosenkranzgabe, Pfarrkirche Zell am Moos, um 1520

Zehn mal, einschwingend in das Vertrauen auf Gottes
begleitende Liebe.
Dann wieder das Vater-Unser.
Das zweite Gesätzchen gilt jenen, die nicht mehr dieses
Leben haben.
Meiner Mutter, meinem Vater, meinen Großeltern …
Während der zehn Ave-Maria sind sie mir nahe.
… Jesus, der den Toten das Leben in Fülle schenkt …
So gehe ich weiter.
Vater-Unser,
der nächste Gedanke,
Vater-Unser,
noch einer.
Alles kann ich vor Gott hinlegen.
Im Takt meiner Schritte,
im Rhythmus der Worte,
hinhorchend,
befreit. *VS*

Hausmadonna, Stift Herzogenburg, um 1500

# Marianisch alltäglich leben

Jedes Kapitel dieses Buches betrachtet eine Facette des Marienlebens. Man kann ihrem Leben viele Seiten abgewinnen. Sie ist eine Lehrmeisterin des Lebens.

Eine Seite möchte ich besonders hervorstreichen: Maria lebt den Alltag in großer Treue; sie lebt in einer schlichten Liebe mit Josef; sie ist einfache Hausfrau in Nazareth; sie ist stille Begleiterin ihres Sohnes und sie lebt geradezu unauffällig in der ersten Christengemeinde von Jerusalem. Maria ist eine »Alltagsfrau«. Ihre Treue zum Alltäglichen kann auch für uns Vorbild sein.

Auch der größte Teil unseres Lebens besteht aus Alltag. Im Alltag bewährt sich unsere Lebendigkeit. Der Alltag ist der Ort, an dem der Glaube seine tätige Kraft, die Hoffnung ihre Standhaftigkeit und die Liebe ihren opferbereiten Einsatz beweist. Im Alltag zeigt sich, ob wir Jesu Gebot der Gottes- und Nächstenliebe begriffen haben und umsetzen. In unserem alltäglichen Dienst eröffnet sich der Sinn des Lebens und wir erfahren Geborgenheit in Gott.

In der jahrhundertelangen Tradition klösterlichen Lebens spielt der »Alltags-Aspekt« eine große Rolle. Die Alltags-Situation ist wichtig. Der Tag wird mehrfach und selbstverständlich durch gemeinsames Gebet unterbrochen, um das Leben mit Gott zu verknüpfen; alle anderen Lebensvollzüge – wie Gemeinschaft, Erholung und Arbeit – werden als Alltagsritual eingebunden. Alles soll zu seinem Recht kommen. Klösterlichem Lebensalltag ist der Eventcharakter fremd. Aber es ist der schlicht und treu gelebte Alltag, der dann auch das Fest und das Außergewöhnliche zulässt.

Das Beispiel Mariens ermuntert: Mensch des Alltags zu sein. Das heißt: aus ganzem Herzen alltäglich leben! *MF*

## Maria, Lebensbegleiterin

Lichtmess – Gottesdienst, nach der Kommunion.
Ich knie in der Kirchenbank.
Die ursprünglich lange, dünne Bienenwachskerze in meinen Händen ist klein geworden.
Dennoch: Leuchtend brennt sie, wie zu Beginn.
Ich betrachte ihre Flamme:
Gelb, orange und blau scheint sie.
Der beständige Luftzug in der Kirche bringt sie zum Flackern und die Dochtspitze glüht.
Die Orgel spielt mächtig und doch innig.
Ich bin eingehüllt in Frieden und Geborgenheit.
So möchte ich leben, wie diese Kerze:
Brennen, ohne etwas zurückzubehalten,
– aus ganzem Herzen leben!
Ohne Bedenken, ohne Zögern.
Mir wird bewusst: das ist die Lebenshaltung Mariens.
Ganz brennend für Gott.
Die letzte Strophe des Dankliedes* fasst meine Gedanken zusammen:

*Lass deine Lichter hell und gut
in allen Straßen brennen!
Gib allen Herzen rechten Mut,
dass sie ihr Ziel erkennen!
Und führe uns in aller Zeit
mit deinen guten Händen,
um Gottes große Herrlichkeit
in Demut zu vollenden.* VS

---

*Gotteslob 841, 4. Strophe

Schutzmantelmadonna von Gregor Erhart, Frauenstein, 1515

Marienstatue von Joseph Fabich, Grotte von Massabielle/Lourdes, um 1860

## Am Schauplatz Mariens

Das Wirken Mariens ist nicht vergangen. Es gibt Schauplätze ihres wirkmächtigen Handelns. An vielen Gnadenorten der Welt wird sie angerufen, wird ihre Fürbitte bei ihrem Sohn erbeten und sind sogar Wunder möglich – vor allem Wunder ohne Sensation, aber mitten in das Leben hinein.

Ein solcher Gnadenort ist Lourdes in Frankreich. Ich war vor wenigen Jahren das erste Mal in diesem Wallfahrtsort. Im wahrsten Sinn des Wortes ist Lourdes ein »wunderbarer Ort«. Ich denke jetzt nicht an die großen Wunder der Krankenheilung, nicht an die ganz außergewöhnlichen Ereignisse.

Wunder-voll ist Lourdes, weil hier unglaublich viele Menschen durch die Begleitung Mariens ihr Leben neu orientiert haben. Viele haben hier ihre Lebensschuld abgeladen und neu angefangen. Die Beichtstühle sind hier immer besetzt. Lourdes ist wie eine riesige geistige Mülldeponie, ein Ort der Entgiftung der Menschen.

Wunder-voll ist Lourdes, weil hier das Leid und die Leidenden das Bild des Gnadenortes prägen. Da wird Leid nicht versteckt und verdrängt. Nur ganz wenige werden geheilt – aber getröstet werden viele und oft wird das Leid zu einem Sprungbrett für eine größere Liebe.

Wunder-voll ist Lourdes, weil hier der Himmel offen steht. Täglich und stündlich beten Hunderte Menschen vor der Erscheinungsgrotte, die für mich wie das offene Tor zum Himmel ist – und an der Schwelle steht Maria.

Aber der Schauplatz ihres Wirkens kann überall sein, wo mit Vertrauen sie gesucht wird! *MF*

# Nochmals am Schauplatz Mariens

Den Wallfahrtsort Mariazell gibt es seit 850 Jahren. 1157 ist der Mönch Magnus aus dem Benediktinerkloster St. Lambrecht in die Gegend des heutigen Mariazell gezogen. In seinem »Gepäck« hat er eine Marienstatue mitgeführt. Diese schlichte Holzstatue – Maria mit dem Kind – hat in einer Zelle ihre Bleibe gefunden – bis heute.

Seitdem hat das Bildnis Mariens unzählige Menschen angezogen. Über »Maria in der Zelle« wurden Kirchen gebaut – bis hin zur prachtvollen Basilika. Maria selbst wurde mit kostbaren Kleidern umhüllt. Die Garderobe der »Mariazellerin« kann sich sehen lassen. Und sie hat ihr Haus in einer gebirgigen Landschaft gefunden – ein wenig versteckt und nicht an einer »kirchlichen Autobahn« gelegen. Man braucht schon Zeit, wenn man die kurvenreiche Straße nach Mariazell fährt oder geduldig Schritt für Schritt zur Zelle pilgert.

Die Wirkungsgeschichte von Mariazell geht wesentlich tiefer. Ich meine jetzt nicht, dass die Mariazeller Muttergottes viele Titel erhalten hat –

*Magna Mater Austriae*
*Regina Hungarorum*
*Patrona Slavorum Gentium*

– sondern ich erinnere an die schlichte Verehrung Mariens in Mariazell. Da gibt es keinen fanatischen Kult; da werden von Maria keine Botschaften ausgesandt; da gibt es keine hysterische Wundersucht. Maria ist hier eine schlichte und schweigsame »Gebirglerin« geblieben.

In der schlichten Holzstatue von Mariazell steckt das marianische Programm: die schlichte Frau, das Mütterliche, der heitere und gelassene Glanz auf ihrem Gesicht und dass sie von sich weg auf ihr Kind weist.

Das spüren die Wallfahrer in Mariazell: Hier ist man gut aufgehoben; hier hört Maria zu; hier wartet und erwartet

Marienstatue, Pfarrkirche Mariazell, um 1150

sie; hier ist das Zutrauen daheim. Sie steht auf diesem Platz seit Jahrhunderten und hat Zeit. Hier ist ein einfacher Trostplatz, ein etwas abgelegener »Verbandsplatz« für die Erstversorgung vieler Wunden. Große Operationen werden hier nicht durchgeführt.

Auch für kirchliche Großereignisse eignet sich Mariazell nicht. Sie wirken immer aufgesetzt. In großer Geduld lässt das die »Mariazellerin« über sich ergehen. Und sie ist froh, wenn alle Wichtigen weg sind, damit die einfachen Leute wieder in Ruhe bei ihr Platz finden. *MF*

Marienstatue, Pfarrkirche Mariazell, um 1150

## Wege-Frau

Wallfahrtswege sind geistliche Blutbahnen. Sie transportieren den Sauerstoff des Glaubens, führen zum Herzen hin und vom Herzen weg. Das bringt Leben aus ganzem Herzen.

Die meisten Wallfahrtswege führen zu Maria. Durch die mütterliche oder schwesterliche Begegnung mit ihr soll der Schritt ins eigene Leben besser gefunden, das Lebensziel klarer und die Lebenslast wieder erträglicher werden. Die Wallfahrtsorte Mariens sind nicht nur das Ziel – auch am Weg stehen Bildstöcke, Kapellen und Kirchen mit ihrem Bild. Sie ist auch die Wege-Frau, die Begleiterin.

Bei den Ostkirchen gibt es den Ikonentyp der »Wegweiserin«. Maria weist auf Jesus hin, zeigt den Weg zu IHM. Alle Wege führen nicht nach »Rom«, sondern zu Christus. Das Wort »Weg« gehört zu IHM. ER selbst war ein Wallfahrer, der oft nach Jerusalem hinaufgepilgert ist; ER hat auf dem Weg das Reich Gottes verkündet, Menschen geheilt und ermutigt; ER hat viele als Nachfolger Seines Weges eingeladen. Schließlich ist aus Seinem Weg der Kreuzweg und der Hinübergang zu Seinem Vater geworden. Mit Recht sagt ER von sich: Ich bin der Weg!

Die Wallfahrtswege zu den Heiligtümern Mariens laden zur Christusbegegnung ein. Dazu ist sie eine gute Wege-Frau. *MF*

## Das Leuchten in ihrem Gesicht

Vor vielen Bildern Mariens kann man Kerzen entzünden. Tausendfach werden ihr Lichter zugeeignet und anvertraut.

Manchmal schaue ich dabei Menschen zu. Ich denke mich in sie hinein. Da gibt es sorgenvolle Gesichter: Vielleicht die Krankheit eines lieben Menschen; vielleicht die Leere des eigenen Lebens; vielleicht das Zerbrechen einer Liebe; vielleicht sogar Sterben und Tod. Aber manchmal lese ich aus den Gesichtern auch Freude und Dankbarkeit heraus.

Das alles hat bei Maria einen guten Platz. Sie zeigt uns ihre mütterliche Seite. Und wer braucht das nicht?

Die Lichter vor ihrem Bild geben aber auch dem Antlitz Mariens ein gewisses Leuchten. Diese Lichter spiegeln ein ganz anderes Licht wieder. Da ist nicht das grelle Licht unserer Straßenbeleuchtung, nicht das unbarmherzige Licht der Scheinwerfer. Aus ihrem Gesicht leuchtet uns ein mildes, ein barmherziges Licht entgegen. Vor diesem Licht darf man sein, wie man ist. Dieses Licht ist mild und verständnisvoll. Dieses Licht rührt an den guten Kern unseres Herzens. Es löst die Sehnsucht aus, inneren Frieden zu finden.

Wenn vor ihrem Bild keine Kerzen mehr entzündet werden, dann fehlt unserer Welt der barmherzige und gütige Glanz ihres Gesichts. Wir sind dann ärmer! *MF*

Marienstatue, Pfarrkirche Mariazell, um 1150

## Bildnachweis

Brandl Anton (28, 31, 32, 35)
Dommuseum Wien (44)
Csombai Peter (62, 65, 68, 71)
Khanjan Mehta (81)
Hofstetter Verlag (8, 40, 91, 101, 102, 105, 107, 111)
Kuss Josef (119)
Rupprecht Franz Josef (115, 116)
© Sanctuaires Notre-Dame de Lourdes/EURL Basilique Rosaire (112)
Schuppich Alexander (11, 12, 15, 17, 20, 23, 24, 27, 36, 43, 47, 48, 51, 54, 57, 59, 74, 77, 78, 85, 86, 93, 94, 97, 108)
© Stift Altenburg, Foto: Andrea Sulzgruber (89)
Trumler Gerhard (98)
Wöginger Richard (82)